El Librito Azul

Colección Metafísica
CONNY MÉNDEZ
(1898-1979)

EDICIONES GILUZ
BIENES LACÓNICA, C. A.
DISTRIBUIDORA GILAVIL, C. A.
2018

El Librito Azul

Conny Méndez

Segunda edición, octubre de 2018.
Derechos exclusivos conforme a la ley reservados para todo el mundo
Copyright © 2001, 2018 **Distribuidora Gilavil, C. A.**

Editado por
Ediciones Giluz
ISBN-10: 980-369-087-6
ISBN-13: 978-980-369-087-8
Depósito Legal: lf-57520131101064

Distribuidora Gilavil, C. A.
Apartado Postal 51.467
Caracas 1050, Venezuela
Tel: +58 (212) 762 49 85
Tel./Fax: +58 (212) 762 39 48

infolibros@metafisica.com
www.metafisica.com - www.connymendez.com

Diagramación de portada y textos: Diego Gil Velutini
Editor de textos: Rayza E. González R.
correctordetextos2009.blogspot.com

Colección Metafísica Conny Méndez

Originales:

✔ Nuevo: *Metafísica 4 en 1*, Vol. I. (italiano)
✔ Nuevo: *Metafísica 4 en 1*, Vol. I. (francés)
✔ Nuevo: *Metafísica 4 en 1*, Vol. I. (japonés, en dos tomos)
✔ Nuevo: *Metafísica 4 en 1*, Vol. III
    Próximamente: *Metafísica 4 en 1*, Vol. IV

Metafísica al Alcance de Todos. Nueva edición
Metaphysics for everyone, (*Metafísica al alcance de todos*, en inglés)
Te Regalo lo que se te Antoje. Nueva edición
El Maravilloso Número 7. Nueva edición
Quién es y quién fue el Conde Saint Germain. Nueva Edición
Piensa lo bueno y se te dará. Nueva edición
Metafísica 4 en 1, Vol. I y II. Nuevas ediciones
Power through Metaphysics (*Metafísica 4 en 1*, Vol. I, en inglés)
El Nuevo Pensamiento. Nueva edición
¿Qué es la Metafísica? Nueva edición
El Librito Azul. Nueva edición
Un Tesoro más para ti. Nueva edición
La Carrera de un Átomo. Nueva edición
Numerología. Nueva edición

Traducciones:

El Libro de Oro de Saint Germain. Nueva edición
Misterios Develados. Nueva edición
Los Secretos de Enoch (por Luisa de Adrianza)
La Mágica Presencia. Nueva edición
Palabras de los Maestros Ascendidos. Vol. I y II. Nuevas ediciones

Otras obras

Autobiografía/humor/caricatura:
La chispa de Conny Méndez. Humor y memorias. Nueva edición

Música:

Cien Años de Amor y Luz
Conny Méndez instrumental
La Cucarachita Martina (libro de música infantil)
Imágenes Románticas (interpretación de María J. Báez)

Disponibles impreso en papel, e-book y audiolibro en www.metafisica.com

El Librito Azul

Colección Metafísica
CONNY MÉNDEZ
(1898-1979)

Ediciones Giluz
Bienes Lacónica, C. A.
Distribuidora Gilavil, C. A.

Conny Méndez

Contenido

---

1 Nota del Editor: Recopilación de decretos y afirmaciones
que no son de la autora, pero comúnmente utilizados.

El Librito Azul

Introducción

El presente librito está escrito en lo que la autora llama Palabras de a centavo; *es decir, en los términos más sencillos con la finalidad que sea comprensible al que necesita conocer la Verdad de Dios y que no tiene conocimientos para poder digerir los textos de psicología y metafísica, tal como están escritos en castellano.*

Cada vez que escuchamos o leemos algo reciente, desconocido para nosotros, se desperezan células que estaban dormidas en nuestro cerebro. La segunda vez que tropezamos con aquella idea nueva la comprendemos un poquito mejor. Las células movidas comienzan a trabajarla, y al poco tiempo se hace la luz en nuestra mente; es decir, que la aceptamos, la adoptamos y la ponemos en práctica automáticamente, y es así cómo vamos despertando, aprendiendo, evolucionando y adelantando. No es necesario hacer esfuerzos sobrehumanos para que nos penetren las cosas en la cabeza. Es un proceso natural; eso sí, hay que poner de nuestra parte la buena voluntad de leer, volver a releer y hacerlo tantas veces como sea necesario, hasta que sintamos que lo aprendido es automático. Eso es todo.

Lleva contigo, en tu cartera o bolsillo, un ejemplar de este librito. Coloca otro en tu mesa de noche. Reléelos a menudo, sobre todo cada vez que se te presente un problema; cada vez que te enfrentes a una situación angustiosa o molesta, no importa cuál sea. Te va a ocurrir algo asombroso, y es que el librito se abrirá en la página que te conviene consultar, y pensarás: ¡Parece que esto fue escrito para mí!

Jesucristo dijo: «En la casa de mi padre hay muchas mansiones». *La Metafísica es una de esas mansiones; es decir, el estudio de las leyes mental-espirituales. No se mete con el* espiritismo, *aunque este tema también es una mansión en la casa del Padre.*

Que esta obrita te traiga toda la paz y la prosperidad que ha traído a tantos otros. Se te bendice.

Conny Méndez

Cristianismo dinámico

Antes de emprender cualquier oficio, no importa cuál, el candidato que lo va a desempeñar recibe instrucciones o estudia su técnica. Sin embargo, hay uno que emprende su cometido totalmente a ciegas, sin instrucciones, sin técnica, sin brújula, compás o diseño, sin nociones de lo que va a encontrar. Es el ser humano cuando es lanzado a la tarea de vivir, sin saber siquiera qué cosa es la vida; sin saber por qué algunas vidas transcurren en medio de la opulencia y las satisfacciones, mientras que otras las pasan en la miseria y el sufrimiento. Unas se inician con todas las ventajas que pueda idear el afecto y, sin embargo, las persigue un atajo de calamidades y el ser humano se debate en conjeturas, todas erradas, y llega el día de su muerte sin que él haya adivinado, siquiera, la verdad respecto a todo esto.

Aprende la Gran Verdad: Lo que tú piensas se manifiesta. *Los pensamientos son cosas.* Es tu actitud lo que determina todo lo que te sucede. Tu propio concepto es lo que tú ves, no solamente en tu cuerpo y en tu carácter, sino en lo exterior, en tus condiciones de vida, en lo material. Sí, tal como lo oyes. Los pensamientos son cosas. Ahora verás.

Si tú tienes la costumbre de pensar que eres de constitución saludable, hagas lo que hagas, siempre serás saludable, pero cambia tu manera de pensar, déjate infundir ante el temor de las enfermedades y comienzas a enfermarte. Pierdes la salud. Si naciste en la riqueza es posible que siempre seas rico, a menos que alguien te convenza de que existe *el destino* y comiences a creer que el tuyo puede cambiar de acuerdo con los *golpes y reveses* porque así lo estás creyendo. Tu vida, lo que ocurre, obedece a tus creencias y a lo que expreses en palabras. Es una ley, un principio. ¿Sabes lo que es un Principio? Es una ley que no falla jamás. Esta ley se llama *El Principio de Mentalismo.*

Si en tu mente está radicada la idea que los accidentes nos acechan a cada paso; si crees que *los achaques de la vejez* son inevitables; si estás convencido de tu mala suerte, etc., lo que tú esperes normalmente, en bien o en mal, será la condición que verás manifestarse en tu vida y en todo lo que hagas. Ese es el porqué de lo que te ocurre.

No se está jamás consciente de las ideas que llenan nuestra mente. Ellas se van formando de acuerdo con lo que nos enseñan o lo que escuchamos de otros. Como casi todo el mundo está ignorante de las leyes que gobiernan la vida, leyes llamadas *de la Creación*, casi todos pasamos nuestra vida fabricándonos condiciones contrarias viendo tornarse malo aquello que prometía ser tan bueno; tanteando, como quien dice, a ciegas, sin brújula, timón, ni compás le achacamos nuestros males a la vida misma, y aprendemos a fuerza de golpes y porrazos, o se lo atribuimos a *la voluntad de Dios.*

Con lo que hasta aquí has leído te habrás dado cuenta de que el ser humano no es lo que han hecho creer; es decir, un corcho en medio de una tempestad, batido aquí y allá según las olas. ¡Nada de eso! Su vida, su mundo, sus circunstancias, todo lo que él es, todo lo que le ocurre son creaciones de él mismo y de nadie más. Él es el rey de su imperio y si su opinión es, precisamente, que él no es sino un corcho en medio de una tempestad, pues así será. Él lo ha creado y permitido.

Nacer con libre albedrío significa haber sido creado con el derecho individual de escoger. Escoger ¿qué? El pensar negativa o positivamente. Pesimista u optimistamente. Pensando lo feo y lo malo —que produce lo feo y lo malo— o pensando lo bueno y lo bello —que produce lo bueno y lo bello— en lo exterior e interior.

La Metafísica siempre ha enseñado que lo que pensamos pasa al subconsciente y se establece allí y actúa como reflejo. La psicología moderna, al fin, lo ha *descubierto*.

Cuando el ser humano se ve envuelto en los efectos de su ignorancia; es decir, que se ha producido él mismo una calamidad, se vuelve hacia Dios y le suplica que lo libre del sufrimiento. El hombre ve que Dios a veces lo atiende y que otras, inexplicablemente, no atiende. En ese último caso es cuando sus familiares lo consuelan diciéndole: *hay que resignarse ante la voluntad de Dios*. Es decir, que todos dan por sentado que la voluntad del Creador es mala, pero al mismo tiempo la religión enseña que Dios es nuestro Padre. Un Padre todo Amor, Bondad, Misericordia. Todo Sabiduría y Eterno. ¿Estás viendo cómo no concuerdan estas dos teorías? ¿Te parece de sentido común que un padre todo amor e infinitamente sabio pueda sentir y expresar mala voluntad hacia sus hijos? ¡Nosotros, padres y madres mortales, no seríamos jamás capaces de atribular a ningún hijo con los crímenes que le atribuimos a Dios! ¡Nosotros no seríamos capaces de condenar al fuego eterno a una criatura nuestra por una falta natural de su condición mortal, y consideramos que Dios sí ¡es capaz! Es decir, que sin que nos demos cuenta clara de ello, ¡le estamos atribuyendo a Dios una naturaleza de magnate caprichoso, vengativo, lleno de mala voluntad, pendiente de nuestra menor infracción para atestarnos castigos fuera de toda proporción! Es natural pensar así cuando nacimos y vivimos ignorando las reglas y las leyes básicas de la vida.

Ya dijimos la razón de nuestras calamidades. Las generamos con el pensamiento. En esto es que somos *imagen y semejanza* del Creador. Somos creadores. Los creadores, cada cual, de su propia manifestación.

Ahora, ¿por qué es que Dios parece atender a veces y otras no? Ya verás. La oración es el pensamiento más puro y más alto que se puede pensar. Es polarizar la mente en el grado más altamente positivo. Son vibraciones de luz que lanzamos cuando oramos; es decir, cuando pensamos en Dios. Esas vibraciones tienen que transformar instantáneamente en perfecto y bello todas las condiciones oscuras que nos rodean, como cuando se lleva una lámpara a una habitación que esté en tinieblas. Siempre que el que esté orando piense y crea que ese Dios a quien le pide es un Padre amoroso que desea dar todo lo bueno a su hijo, en ese caso, Dios siempre *atiende*. Pero como por lo general la humanidad tiene costumbre de pedir así: «¡Ay, papá Dios, sácame de este apuro, yo sé que vas a pensar que no me conviene porque tú quieres imponerme esta prueba!». En otras palabras, ya negó toda posibilidad de recibirlo. ¡Tiene más fe en ese Dios que nos enseñaron, caprichoso, vengativo, lleno de mala voluntad, que no está sino atisbando a que cometamos la primera infracción para atestarnos castigos de una crueldad satánica! Pues el que así pide no recibe sino de acuerdo con su propia imagen de Dios. Es tan sencillo como te lo digo. Ahora no vuelvas a olvidar jamás que la voluntad de Dios para ti es el bien, la salud, la paz, la felicidad, el bienestar, todo lo bueno que Él ha creado. No vuelvas a olvidar jamás que Dios no es ni el juez, ni el policía, ni el verdugo, ni el tirano que te han hecho creer. La Verdad es que Él ha creado siete leyes, siete principios que funcionan en todo y en siempre. No descansan un solo minuto. Se encargan de mantener el orden y la armonía en toda la Creación. No se necesitan policías en el espíritu. Aquel que no marcha con la ley se castiga a sí mismo. (Lo que piensas se manifiesta, de manera que aprende a pensar correctamente y con la ley para que se manifieste todo lo bueno que Dios quiere para ti).

San Pablo dijo que Dios está más cerca de nosotros que nuestros pies y nuestras manos, más aún, que nuestra respiración; de manera que no hay que pedirle a gritos que nos oiga. Basta con pensar en Él para que ya comience a componerse lo que parece estar descompuesto. Él nos creó, Él nos conoce mejor de lo que nos podemos conocer nosotros. Él sabe por qué actuamos de esta o aquella manera, y no espera que nos comportemos como santos cuando apenas estamos aprendiendo a caminar en esta vida espiritual.

Voy a rogarte que no creas nada de lo que te estoy diciendo sin comprobarlo primero. Es tu derecho divino y soberano. No hagas lo que has hecho hasta ahora: aceptar todo lo que oyes y todo lo que ves sin darte la oportunidad de juzgar entre el bien y el mal.

La mecánica del pensamiento

*T*odo el día y toda la noche estamos pensando una infinidad de cosas distintas. Pasa por nuestra mente una especie de película cinematográfica constante, aunque desconectada.

Entre tantas ideas diferentes nos detenemos a contemplar, examinar o estudiar algunas más que otras. ¿Por qué? Porque nos han estimulado el sentimiento. Nos han producido un sentimiento. Nos han producido un sentimiento de temor o de antipatía, de simpatía o de lástima, un sentimiento de agrado o desagrado, no importa. El hecho es que por aquel sentimiento la idea nos interesa, la repasamos más tarde, tal vez la comentemos con alguien. Esto es meditar, y lo que así se medita pasa al subconsciente y allí se graba.

Una vez que se graba una idea en el subconsciente se convierte en un *reflejo*. Tú sabes que cuando el médico te da un golpecito con algún objeto en un sitio alrededor de la rodilla, tu pierna da un salto. Te han tocado un punto sensible y has reaccionado ¿no? En esa misma forma, cada vez que ocurre en tu vida algo referente a una de las ideas que están grabadas en el subconsciente, el *reflejo* reacciona en la forma exacta en que fue grabado. Tú adoptas una actitud de acuerdo con el sentimiento original que sentiste cuando primero pensaste en aquella idea. Los metafísicos llamamos a esto un *concepto*; es decir, una creencia, una convicción.

El subconsciente no discierne. No decide nada, no opina ni piensa por sí solo. No tiene poder para protestar, no tiene voluntad propia. Esas no son sus funciones. Su única función es la de reaccionar poniendo a la orden el *reflejo* que se le ha dado. En este sentido, él es un maravilloso archivador, secretario, bibliotecario automático que ni descansa ni falla jamás. Tampoco tiene sentido del humor. No sabe cuándo una orden ha sido dada en chiste o en serio. De manera que si tu nariz es un tantico abultada y si tú por hacer reír a los demás adoptas el chiste de llamarla *mi nariz de papa rellena*, por ejemplo, como el subconsciente es un servidor exacto, no tiene sentido del humor y solo sabe obedecer incondicionalmente, tratará por todos los medios de cumplir la orden que le han dado tus palabras y tu sentir... y verás a tu nariz parecerse más y más a una papa rellena.

La palabra *metafísica* quiere decir *más allá de lo físico*; es decir, la ciencia que estudia y trata de todo lo que está invisible a los sentidos físicos. Te da la razón de ser de todo lo que no comprendemos, de todo lo misterioso, y es exacta como comprobarás a medida que leas este librito.

Ahora verás: ¿recordarás tú la primera vez que oíste mencionar la palabra *catarro*? No lo recuerdas, ¿verdad? Eras muy pequeñito. La palabra la dijeron tus mayores. Te enseñaron a temerla. A fuerza de repetirla te instruyeron a comprenderla, te dijeron que no te mojaras los pies, que no te pusieras en una corriente de aire, que no te acercaras a alguien porque tenía catarro y que se te pegaba, etcétera, etcétera. Todo lo cual se fue grabando en tu subconsciente y se fue formando allí un *reflejo*. No tuviste jamás que recordar las advertencias de tus mayores. El daño estaba hecho. De allí en adelante tu subconsciente te ha brindado un catarro (el mejor que te pueda obsequiar) cada vez que te has colocado en una corriente de aire, cada vez que se te han mojado los pies, cada vez que te acercas a un acatarrado y cada vez que tú oyes decir que anda por allí una epidemia de gripe o de catarro.

Por culpa de tus mayores, por lo que has escuchado decir a los demás, por lo que has leído en los periódicos y en los anuncios, en la radio y televisión y, sobre todo, porque ignoras la verdad metafísica de la vida, has aceptado estas ideas erróneas que se convirtieron en *reflejos* y actúan sin premeditación tuya, automáticamente, y que son causa de todos los males que te aquejan en el cuadro de tu vida. Tienes un cargamento voluminoso de ideas ajenas que afectan todos los departamentos de tu vida, tu cuerpo, tu alma y tu mente. Advierte que si no lo hubieras aceptado, si por el derecho que te da tu libre albedrío de escoger aceptar y rechazar no hubieras aceptado lo negativo, no hay germen ni virus ni poder en el mundo que hubiera podido atacar ni convencer a tu subconsciente para que actuara de ninguna otra forma que aquella que tú le diste.

Tu voluntad, negativa o positiva, es el imán que atrae hacia ti los gérmenes, las circunstancias adversas o las buenas. Como ya hemos dicho, tu actitud, negativa o positiva ante los hechos, determina los efectos para ti.

La fórmula infalible

Quedamos en que cada mente humana contiene una acumulación de opiniones, convicciones o conceptos errados —contrarios a la Verdad y en conflicto con los principios básicos de la Creación y que están perennemente manifestando en las condiciones exteriores todas esas calamidades y sufrimientos que aquejan al ser humano y al mundo en general; enfermedades, accidentes, dolencias, pleitos, desarmonías, escasez, fracasos y hasta la muerte.

Felizmente, nada de eso se ajusta a la Verdad del ser. Felizmente existe la manera de borrar esas creencias falsas y de sustituirlas por correctas, que no solamente produzcan condiciones y circunstancias positivas, buenas, felices, correctas, sino que, una vez corregido el error y establecida la Verdad en el subconsciente, nunca más podrán volver a suceder las cosas negativas en nuestras vidas. La orden ha sido cambiada. El imán ha cambiado de polo. Es absolutamente imposible atraer algo que no encuentre ya su correspondencia en nosotros.

La fórmula infalible es la siguiente: Cada vez que te ocurra algo indeseable, que te enfermes, que te ocurra un accidente, que te roben, que te ofendan, que te molesten... o que Tú seas la causa de algún mal hacia otro o hacia ti mismo... si eres afligido por un defecto físico o de carácter, si te desagrada alguien, si lo detestas, o si amas demasiado y sufres por esto; si te torturan los celos, si te enamoras de alguien que pertenezca a otro; si eres víctima de una injusticia o eres víctima del dominio de otro (la lista es interminable, de manera que suple tú la condición que te esté afectando), conoce la Verdad.

Así Jesucristo, el más grande de todos los Maestros de Metafísica, dijo: «Conoced la Verdad y ella os hará libres». La Verdad, la ley suprema es la armonía perfecta, la belleza, la bondad, la justicia, la libertad, la salud (Vida), inteligencia, sabiduría, amor, dicha. Todo lo opuesto es apariencia. Es contrario a la ley suprema de la armonía perfecta, luego es mentira porque es contrario a la Verdad.

Tu *Yo* Superior es perfecto. En este momento y siempre ha sido perfecto. No puede enfermarse porque es vida. No puede morir por la misma razón. No puede envejecer. No puede sufrir. No puede temer. No puede pecar. No tiene que luchar. No puede cambiar jamás. Es bello. Es amor, inteligencia, sabiduría, dicha. Esa es la Verdad. Es tu Verdad, la mía, la de todos los seres humanos, ahora mismo.

No es que el ser humano sea Dios. Así como una gota de agua de mar no es el mar, pero contiene todo lo que forma el mar en un grado infinitesimal; y para un átomo, esa gota de agua es un mar.

Cualquier cosa que estés manifestando, que te esté ocurriendo contraria a la armonía perfecta, o que tú mismo estés haciendo o sufriendo contraria a la armonía perfecta, se debe a una creencia errada que tú creaste, ya lo sabes, y que por *reflejo* estás lanzando hacia afuera y atrayendo su igual del exterior. No tiene nada que ver con tu *Yo* Superior. Este continúa perfecto. Sus condiciones y su situación son perfectas.

Ahora, en cada una de las circunstancias enumeradas más arriba debes recordar lo que te acabo de decir, primeramente, y luego decir mentalmente o en voz alta, como quieras: «No lo acepto».

Dilo con firmeza, pero con infinita suavidad. Los trabajos mentales no necesitan de la fuerza física. Ni el pensamiento ni el espíritu tienen músculos. Cuando tú digas «No lo acepto», hazlo como si dijeras «No me da la gana», tranquilamente, pero con la misma convicción y firmeza, sin gritar, sin violencia, sin un movimiento, sin brusquedad ¿me hago comprender?

Después de haber dicho «No lo acepto», recuerda que tu *Yo* Superior es perfecto; que sus condiciones son perfectas. Ahora di: «Declaro que la Verdad de este problema es (armonía, amor, inteligencia, justicia, abundancia, vida, salud, etc., cualquiera que sea lo opuesto a la condición negativa que se esté manifestando en ese momento). Gracias, Padre, que me has oído».

No tienes por qué creer ciegamente lo que estás leyendo. Debes comprobarlo tú mismo.

En el lenguaje metafísico esto se llama *un tratamiento*. Después de todo tratamiento hay que conservar la actitud que se ha declarado. No se puede uno permitir que entre la duda respecto a su eficacia ni se puede volver a expresar en palabras los conceptos, opiniones y creencias de antes porque se destruye, se anula el tratamiento.

El propósito es el de transformar el patrón mental que ha estado dominando en el subconsciente; es decir, el clima mental en que has estado viviendo con toda tu serie de circunstancias negativas. San Pablo dijo: «Sois formados por la renovación de vuestra mente». Esta renovación se hace cambiando cada creencia antigua a medida que vayan presentándose ante nuestra vida (o nuestra conciencia, en conocimiento de acuerdo con la Verdad).

Hay convicciones que están tan arraigadas que son lo que se llama en el lenguaje metafísico *cristalizaciones*. Estas requieren más trabajo que otras. Pero cada *negación* y *afirmación* que se haga respecto a estas cristalizaciones va borrando el diseño original hasta que desaparece totalmente y no queda sino la Verdad.

Verás los milagros que ocurren en tu vida, en tu ambiente y en tus condiciones.

Tú no tienes defectos sino apariencia de defectos. Lo que ves como defectos morales o físicos son transitorios porque al *conocer la verdad* de tu Yo verdadero, tu Cristo, tu Ser Superior es perfecto hijo de Dios hecho a semejanza del Padre, comienzan a borrarse las imperfecciones que tú estás presentándole al mundo. Es un hecho constatable. Todo estudiante de Metafísica Cristiana te puede corroborar lo que acabo de decirte.

Esta es la Gran Verdad. No la olvides jamás. Comienza ahora mismo a practicarla. Mientras más se practica más se realiza, más se adelanta y más feliz te sentirás.

Acuérdate. Tú eres único, como tus huellas dactilares. Fuiste creado por un diseño único, para un propósito especial que no puede cumplir nadie más que tú. Has tardado 14.000 años para evolucionar a tu sitio de hoy. Las expresiones de Dios son infinitas. Tu Cristo es un ser inteligente que te ama con delirio y que tiene siglos esperando que lo reconozcas. Llegó el momento. Háblale, consúltale y espera sus respuestas. Es el Guía y Maestro único para ti. Cuando tú llegues a comprender, aceptar y realizar esta Verdad, será el nacimiento de Cristo para ti. Es lo que está profetizado para esta Era. Es el Mesías. No es que Jesús vuelve a nacer ahora. Es que cada uno va a encontrar el Cristo en su conciencia y en su corazón, tal como le ocurrió a Jesús. Por eso lo llamaron Jesucristo.

El Decreto

Cada palabra que se pronuncia es un decreto que se manifiesta en lo exterior. La palabra es el pensamiento. Jesús dijo dos cosas que no han sido tomadas en serio. Una: «Por tus palabras serás condenado y por tus palabras serás justificado». Esto no significa que los demás nos juzgarán por lo que decimos, aunque esto también es verdad. Como habrás visto ya, el Maestro enseñaba Metafísica, solo que la raza no estaba aún lo suficiente madura para entenderla. En varias ocasiones lo advirtió diciendo que tenía aún muchas otras cosas que decir, pero que no podrían ser comprendidas. En otras ocasiones dijo que aquel que tuviera oídos para oír, que escuchara. La segunda referencia que hizo al poder de la palabra fue la siguiente: «No es lo que entra por su boca lo que contamina al hombre, si no lo que de su boca sale porque lo que de la boca sale, del corazón procede». Más claro no se puede expresar.

Te propongo que pongas atención a todo lo que tú decretas en un solo día. Vamos a recordártelo. «Los negocios están malísimos». «Las cosas andan muy malas». «La juventud está perdida». «El tráfico está imposible». «El servicio está insoportable». «No se consigue servicio doméstico». «No dejes eso rodando porque te lo van a robar». «Los ladrones están asaltando en todas las esquinas». «Tengo miedo de salir». «Mira que te vas a caer». «Cuidado que te matas». «Te va a pisar un carro». «¡Vas a romper eso!». «Tengo muy mala suerte». «No puedo comer eso, me hace daño». «Mi mala memoria...», «mi alergia...», «mi dolor de cabeza...», «mi reumatismo...», «mi mala digestión...». «¡Ese es un bandido!». «Esa es una desgracia». «Tenía que ser, cuándo no».

No te sorprendas ni te quejes si al expresarlo lo ves ocurrir. Lo has decretado. Has dado una orden que tiene que ser cumplida. Ahora recuerda y no olvides jamás: cada palabra que pronuncias es un decreto. Positivo o negativo. Si es positivo se te manifiesta en bien. Si es negativo se te manifiesta en mal, si es contra el prójimo es lo mismo que si lo estuvieras decretando contra ti. Se te devuelve. Si es bondadoso y comprensivo hacia el prójimo, recibirás bondad y comprensión de los demás hacia ti. Y cuando te suceda algo molesto, negativo, desagradable, no digas: «¡Pero si yo no estaba pensando ni temiendo que me fuera a suceder esto!». Ten la sinceridad y la humildad de tratar de recordar en cuáles términos te expresaste de alguna persona. En qué momento salió de tu corazón un concepto viejísimo, arraigado allí que tal vez no es sino una costumbre social como la generalidad de esas citadas más arriba y que tú realmente no tienes deseos de seguir usando.

Como el sentimiento que acompaña a un pensamiento es lo que lo graba más firmemente en el subconsciente, el Maestro Jesús, que jamás empleó palabras superfluas, lo expresó muy bien al decir: «lo que de la boca sale, del corazón procede», y esto nos da la clave inequívoca. El primer sentimiento que nos enseña es el temor. Nos lo enseñan nuestros padres, primeramente, y luego nuestros maestros de religión. Al sentir un temor se nos acelera el corazón. Solemos decir: «por poco se me sale el corazón por la boca» para demostrar el grado de temor que sentimos en un momento dado. El temor es lo que está por detrás de todas las frases negativas que te he citado más arriba.

San Pablo dijo: «Somos transformados por la renovación de nuestras mentes». Cada vez que te encuentres diciendo una frase negativa, sabrás qué clase de concepto errado tienes arraigado en el subconsciente, sabrás a qué clase de sentimiento obedece: temor o desamor, tájalo, bórralo negándolo por mentiroso y afirma la Verdad, si no quieres continuar manifestándolo en tu exterior. Al poco tiempo de esta práctica notarás que tu hablar es otro. Que tu modo de pensar es otro. Tú y tu vida estarán transformándose por la renovación de tu mente.

Cuando estés en reunión de otras personas te darás perfecta cuenta de la clase de conceptos que poseen y lo constatarás en todo lo que les ocurre. Siempre que escuches conversaciones negativas no afirmes nada de lo que expresen. Piensa: «no lo acepto ni para mí ni para ellas». No tienes que decírselo a ellas. Es mejor no divulgar la verdad que estás aprendiendo, no porque haya que ocultarlo sino porque hay una máxima ocultista que dice: *Cuando el discípulo está preparado aparece el maestro*. Por Ley de Atracción todo el que está preparado para subir de grado es automáticamente acercado al que lo pueda adelantar, de manera que no trates de hacer labor de catequista. No obligues a nadie a recibir lecciones sobre la Verdad porque te puedes encontrar que aquellos que tú creías más dispuestos son los que menos simpatizan con ella. A esto se refería Jesús cuando dijo: «No deis lo santo a los perros, ni echéis vuestras perlas delante de los cerdos, no sea que las pisoteen, y se vuelvan y os despedacen».

¿La fe mueve montañas?
¿Cómo y por qué?

*T*odo el mundo conoce el dicho y lo repite a menudo. Lo repite como loro, pues no sabe en realidad lo que significa, ni por qué ni cómo es eso, que la fe mueve montañas.

Pocos saben que el temor también mueve montañas. El temor y la fe son una misma fuerza. El temor es negativo y la fe es positiva. El temor es fe en el mal. Es decir, la convicción de que va a ocurrir lo malo. La fe es la convicción de que lo que va a ocurrir es bueno o que va a terminar bien. El temor y la fe son las dos caras de una misma medalla.

Fíjate bien. Tú jamás temes que te vaya a suceder algo bueno. Ni tampoco dices: «tienes fe en que te va a ocurrir lo malo». La fe siempre se asocia a algo que deseamos; ¡y no creo que tú desees el mal para ti! A este le temes; ¿no es así? Todo lo que tú temes lo atraes y te ocurre. Ahora que cuando te ocurre generalmente dices con aire triunfante: «¡Ajá, yo lo sabía! ¡Lo presentí!», y sales corriendo a contarlo y repetirlo como para lucir tus dotes de clarividente. Y lo que en realidad ha sucedido es que lo pensaste con temor. ¿Lo presentiste? ¡Claro! Lo presentiste. Tú mismo lo estás diciendo. Ya tú sabes que todo lo que se piensa sintiendo al mismo tiempo una emoción, es lo que se manifiesta o se atrae. Tú lo anticipaste y lo esperaste. Anticipar y esperar es fe.

Ahora fíjate que todo lo que tú esperas con fe te viene, te sucede. Entonces, si sabes que esto es así, ¿qué te impide usar la fe para todo lo que tú desees: amor, dinero, salud, etcétera? Es una ley natural. Es una ordenanza divina. El Cristo lo enseñó con las siguientes palabras, que tú conoces: «todo lo que pidiereis en oración, creyendo, lo recibiréis». No lo he inventado yo.

Está en el capítulo N° 21, versículo 22 de san Mateo. Y san Marcos lo expresa más claro aún: «Todo lo que pidiereis orando, creed que lo recibiréis y os vendrá». San Pablo lo dice en palabras que no tienen otra interpretación: «La fe es la certeza de lo que se espera, la convicción de lo que se ve». Más arriba te dije que la fe es la convicción del bien.

Ahora te diré que la convicción viene por el conocimiento. Supongamos que tú vives en la provincia y que jamás has ido a la capital. Quieres ir a la capital y tomas el tren, el auto o el avión. Sabes dónde queda la capital y cómo dirigirte a ella. Un día te diriges hacia la capital y utilizas la forma de transporte que mejor te convenga, pero por el camino no vas temiendo desviarte hacia la luna ¿No? Si fueras un indio salvaje podrías estar temblando de pavor por desconocer totalmente lo que te está pasando, pero siendo una persona civilizada, vas tranquila, sabiendo que a tal o cual hora llegarás a la capital. ¿Qué es lo que te da fe? El conocimiento.

La ignorancia de los principios de la Creación es lo que hace que el mundo tema el mal, no sepa emplear la fe, ni siquiera lo que ella es.

La fe es convicción, seguridad, pero tienen que estar basadas en el conocimiento de algo. Conoces que existe la capital y vas hacia ella. Por eso sabes que no irás a parar a la luna.

Ahora sabes que cuando deseas algo, si temes no obtenerlo, no lo obtendrás. Si lo niegas antes de recibirlo, como en el ejemplo dado ya de la oración que dirige a Dios la generalidad de los humanos: «Dios mío, concédeme tal cosa, aunque sé que no me conviene»; no lo obtendrás porque de antemano lo negaste. Has confesado que no lo esperas.

Déjame darte la fórmula metafísica para obtener cualquier cosa que desees. Es una fórmula. Hay que emplearla para todo. Compruébala por ti mismo. No me lo creas ciegamente. *Yo deseo tal cosa. En armonía para todo el mundo y de acuerdo con la voluntad divina. Bajo la gracia y de manera perfecta. Gracias, Padre, que ya me oíste.*

Ahora no dudes por un solo instante. Has empleado la fórmula mágica. Has cumplido con toda la ley y no tardarás en ver tu deseo manifestado. Ten paciencia. Mientras más tranquilo esperes, más pronto verás el resultado. La impaciencia, la tensión y el ponerse a empujar mentalmente destruyen el tratamiento (la fórmula es lo que en Metafísica se llama *un tratamiento*).

Para que conozcas lo que has hecho al repetir la fórmula, te voy a explicar el proceso detalladamente. Al tú decir: «en armonía para todo el mundo» has eliminado todo peligro de que tu conveniencia perjudique a otros, como tampoco se te hace posible desear un mal para otro. Al decir: «de acuerdo con la voluntad divina», si lo que tú deseas es menos que perfecto para ti, verás suceder algo mucho mejor de lo que tú esperabas. En este caso significa que lo que estabas deseando no lo ibas a encontrar suficiente, o no te iba a resultar tan bueno como tú pensabas. La voluntad de Dios es perfecta.

Al tú decir: «bajo la gracia y de manera perfecta», encierra un secreto maravilloso, pero déjame darte un ejemplo de lo que ocurre cuando no se sabe pedir bajo la gracia y perfección. Una señora necesitaba urgentemente una suma de dinero y la pidió, asimismo, para el día quince del mes. Tenía absoluta fe de que la recibiría, pero su egoísmo e indiferencia no le inspiró pedirla con alguna consideración para nadie más. Al día siguiente un automóvil estropeó a su hija y el día quince del mes recibió la suma exacta que ella había pedido. Se la pagó la compañía de seguros por el accidente de su hija. Ella trabajó la Ley contra ella misma.

Pedir *bajo la gracia y de manera perfecta* es trabajar la Ley Espiritual, la Ley de Dios que se manifiesta siempre en el plano espiritual. Allí (en el plano espiritual) todo es perfecto, sin obstáculos, sin inconvenientes, sin esfuerzos, *suavecito, suavecito,* todo con gran amor, y esa es nuestra Verdad. Esa es la Verdad que al ser conocida nos hace libres.

Gracias, Padre, que ya me oíste es la expresión más alta de la fe que podamos abrigar. Jesús la enseñó y la aplicaba en todo, desde antes de partir el pan con que alimentó a cinco mil personas, hasta para decir cómo transformar el vino en su sangre. Dando gracias al Padre antes de ver la manifestación.

Como te darás cuenta, todo lo que enseñó Jesús fue metafísico.

Todo lo que tú desees, todo lo que vayas necesitando lo puedes manifestar. El Padre todo lo ha provisto ya, todo lo ha dado ya, pero hay que ir pidiéndolo a medida que se sienta la necesidad. Solo tienes que recordar que no puedes pedir mal para otro porque se te devuelve a ti y todo lo que pidas para ti debes hacerlo también para toda la humanidad, porque todos somos hijos del mismo Padre.

Por ejemplo, pide grande. El Padre es muy rico y no le gusta la mezquindad. No digas: «Ay, papá Dios, dame una casita. Solo te pido una casita, aunque no sea sino chiquitica», cuando la realidad es que tú necesitas una casa muy grande porque tu familia es numerosa. No recibirás sino lo que pides. Pide así: «Padre, dame a mí y a toda la humanidad todas las maravillas de tu Reino» y ahora haz tu lista.

Para irte fortificando la fe, haz una lista de cosas que deseas o que necesitas. Enumera los objetos o las cosas. Al lado de esta lista haz otra enumerando cosas que deseas ver desaparecer, o bien en ti mismo o en lo exterior. En el mismo papel escribe la fórmula que yo te di más arriba. Ahora, lee tu papel todas las noches. No te dejes sentir la menor duda. Da las gracias cuantas veces pienses en lo que has escrito. A medida que veas que se te van realizando las cosas enumeradas, ve tachándolas. Y al final, cuando las veas realizadas todas, no vayas a ser tan mal agradecido de pensar: «Tal vez se me iban a dar de todas maneras» porque es mentira. Se te dieron porque las pediste correctamente. Lo exterior se acomodó para dejártelas pasar.

Como ya estás muy habituado a sentir temor por una variedad de razones, cada vez que te encuentres atacado por un temor repite la fórmula siguiente, que te irá borrando el *reflejo* que tienes grabado en el subconsciente: Yo no tengo miedo. No quiero el temor.

Dios es amor y en toda la Creación no hay nada a qué temer. Yo tengo fe. Quiero sentir fe.

Un gran Maestro decía: «Lo único que se debe temer es al temor». La fórmula la debes repetir aun cuando estés temblando de terror. En ese momento, con mayor razón. Solamente el deseo de no temer y el deseo de tener fe bastan para cancelar todos los efectos del temor, y para situarnos en el polo positivo de la fe.

Supongo que ya tú conoces el principio psicológico que dice que cuando se borra una costumbre hay que sustituirla por otra. Cada vez que se niega o se rechaza una idea cristalizada en el subconsciente, se borra esta un poquito. El pequeño vacío que así se hace hay que llenarlo inmediatamente con una idea contraria. Si no, el vacío atraerá ideas de la misma clase y que siempre están suspendidas en la atmósfera, pensadas por otros. Poco a poco irás viendo que tus temores desaparecen, si es que tienes la voluntad de ser constante, repitiendo la fórmula en todas las circunstancias que se vayan presentando.

Poco a poco irás viendo que únicamente te sucederán las cosas como tú las deseas. «Por sus frutos los conoceréis», dijo Jesús.

Este gran instrumento —*el poder del decreto*— se presenta a nuestra atención en aquella extraordinaria historia de la creación que encontramos en los dos primeros capítulos del Génesis en La Biblia. Yo sugiero que tomes tiempo ahora para leer este maravilloso relato. Mientras lees te darás cuenta de que el hombre (esto quiere decir tú y yo) no fue creado para ser la pieza del juego o un títere movido de un lado para otro por poderes fuera de su dominio. En lugar de esto encontramos que el hombre ocupa el pináculo de la Creación que, lejos de ser lo más insignificante del Universo, por la misma naturaleza de los poderes que le ha dado su Creador, es la suprema autoridad designada por Dios para regir la Tierra y toda cosa creada. El hombre está dotado de los poderes mismos del Creador porque es *hecho a Su imagen y según Su semejanza*. El hombre es el instrumento por medio del cual la sabiduría, el amor, la vida y el poder del Creador Espíritu se expresan en plenitud.

Dios situó al hombre en un Universo respondedor y obediente (inclusive su cuerpo, sus asuntos, su ambiente) que no tiene otra alternativa que llevar a efecto los edictos o decretos de su suprema autoridad.

El poder de decretar es absoluto en el hombre; el dominio que Dios le dio, irrevocable, y aunque la naturaleza básica del Universo es buena en la evaluación del Creador, puede aparecer ante el hombre solamente como él decretó que apareciera. Vemos que mientras el hombre fue obediente a su Creador, mantuvo su poder de pensar y hacer decretos a tono con el espíritu del Bien que es la estructura de la Creación, vivió en un universo de bien, un *Jardín del Edén,* pero cuando el hombre *cayó* al comer del árbol del conocimiento del Bien y del Mal, y eligió basar su pensamiento y usar sus poderes en el bien y el mal —lo que como agente libre podía hacer— inmediatamente encontró sudor y cardos mezclados con su pan de cada día. Desde la *caída* el hombre se ha atareado y ha declarado su mundo bueno o malo, y sus experiencias han sido de acuerdo con sus decretos. Esto demuestra evidentemente cómo responde el Universo y cuán completos y de largo alcance son el dominio y la autoridad del hombre.

Amor

Solo te falta este capítulo para terminar de conocer el Primer Principio de la Creación: el Principio de Mentalismo cuyo lema es *Todo es Mente*.

Jesucristo dijo: «Sois dioses» (Evangelio de san Juan, Cap. 10-34). Así como la Creación, toda ella fue un pensamiento manifestado, así el hombre, que es un dios en potencia, crea con el pensamiento todo lo que él ve manifestado a igualdad y semejanza de su Creador. Esto ya lo aprendiste. También has aprendido la mecánica de esta creación mental; el carácter (positivo o negativo) de lo creado; la fuerza (fe o temor) que determina el carácter; la manera de cambiar el aspecto exterior de lo que hayas creado (negando y afirmando); el poder de la palabra que es el pensamiento hablado y que por lo tanto confirma las órdenes que has dado con tus pensamientos; y finalmente la fórmula infalible para crear, manifestar y obtener lo mejor, lo más alto, lo perfecto: *Conociendo la verdad*, en acatamiento a la ordenanza del Maestro Jesús. Sabes que esta Verdad es que fuimos creados perfectos por un Creador perfecto, con la esencia perfecta de Él mismo, con libre albedrío para crear de manera positiva o negativa; por lo tanto, el *mal* no es una creación de Dios. No tiene ningún poder frente a la Verdad. Que desaparece al sustituir el pensamiento y la palabra positiva. Jesús dijo: «no resistáis al mal» (S. Mateo, 5-39); es decir, que domináramos el mal con el bien. La verdad única es el Bien.

De ahora en adelante no podrás jamás volver a culpar a nadie de lo que te ocurra. Tendrás que mirarte frente a frente y preguntarte: *¿Cómo fue mi clima mental en esta circunstancia? ¿Fue positivo o negativo? ¿He sentido fe o temor? ¿Qué especie de decretos he lanzado con mis palabras?* «Por sus frutos los conoceréis». Tendrás que sincerarte y contestar la verdad. ¿Te complace lo que estás viendo? o ¿te desagrada? Tú dirás.

Ahora, en Metafísica Cristiana decimos que Dios tiene siete aspectos: Amor, Verdad, Vida, Inteligencia, Alma, Espíritu y Principio. Como ves, todos estos aspectos son estados invisibles, mentales, pues. No los podemos ver ni tocar. Sentimos y apreciamos sus efectos. Existen, actúan, son reales, son cosas y ninguno se puede negar.

Amor se le llama al carácter de Dios, el primer aspecto de Dios, la fuerza más potente de todas las fuerzas y la más sensible. Pocas personas saben lo que es realmente el amor. La mayoría cree que es aquello que se siente hacia los padres, los hijos, los esposos, los enamorados, etcétera. Afecto, cariño, atracción, antipatía y odio son todos diferentes grados de una misma cosa: sensación. El amor es muy complejo y no se puede definir con una sola palabra, pero ya que en nuestro planeta se entiende por amor la sensación, y aunque esta no es sino, como quien dice, el bordecito exterior del amor, tratemos de acercar la sensación lo más que se pueda al amor, para comenzar a comprenderlo. El punto central en la escala que va desde el odio hasta el sentimiento que allí llamamos *amor,* es la tolerancia y buena voluntad.

Parece una contradicción, pero cuando se *ama* mucho, mucho o demasiado, faltan tolerancia y buena voluntad. Cuando se odia, faltan la tolerancia y la buena voluntad. Es decir, que tanto el excesivo amor como el excesivo desamor son la negación de la tolerancia y la buena voluntad. Jesús dijo: «Paz a los hombres de buena voluntad», lo cual implica que lo que pasa de allí no trae paz. La paz está en el centro, el perfecto equilibrio, ni de más ni de menos, en todo. Todos los excesos, aun el exceso de Bien (exceso de dinero, de amor, de caridad, de oración, de sacrificio, etcétera) desequilibran el peso de la balanza; llevan más hacia uno de los lados y quitan la paz. Cuando el Génesis dice: «De todos los frutos del Paraíso podéis comer, salvo del fruto del árbol de la ciencia del Bien y del Mal» se refiere a eso precisamente. El tronco del árbol simboliza el centro, el equilibrio. Las ramas parten de ese centro, desprendiéndose hacia todos los lados produciendo *frutos*. Algunos se manifiestan buenos, otros malos. Simbolizan los extremos. Verás, pues, que *el fruto prohibido* que tanta tribulación ha causado en el mundo no es otra cosa que los extremos, el exceso en todos los aspectos, pues Dios, que todo lo creó, declaró toda su obra *buena* (léelo en Génesis) y solo menciona la palabra *mal* con respecto al exceso.

Un paréntesis para recomendarte que leas y medites el capítulo 3 de Eclesiastés en La Biblia que comienza: «Todo tiene su tiempo…».

Volvamos al Amor. Aquellas madres que dicen amar tanto a sus hijos que no les permiten separarse del nido, ni casarse, ni actuar independientemente de ellas cuando ya son hombres y mujeres mayores de edad, no aman. Son egoístas y lo que sienten es deseo de posesión. Aquellas novias y esposas que sufren torturas de celos, igualmente. Esos tipos de *amor* no son otra cosa que exceso de sentimiento. Sobrepasan la medida y, por lo tanto, se van muy lejos de la tolerancia y la buena voluntad.

Por lo general el exceso de sentimiento prueba que hay falla de desarrollo de la inteligencia. Esto sin duda causará indignación en aquellas personas que se llenan la boca diciéndose *muy sentimentales*. A nadie le agrada que otro le descubra su falta de inteligencia, pero pueden comprobarlo. El exceso de emotividad, como todo exceso, es *malo*. Es prueba de que falta lo que le haga contrapeso. El exceso de calor, por ejemplo, se equilibra con igual cantidad de frío para llevarlo a ser soportable o desagradable. La inteligencia es fría. La emoción es cálida. Una gran capacidad emotiva es una cualidad magnífica y muy deseable, siempre que esté equilibrada con igual capacidad intelectual. Esto es lo que produce los grandes artistas, pero el artista tiene su arte en qué volcar toda su potencia emotiva. En cambio, la persona exageradamente emotiva y con poco desarrollo intelectual vuelca toda su pasión en los seres humanos que la rodean, pretende atarlos y que cumplan su antojo.

El remedio para la excesiva emotividad es pensar y reflexionar mucho, sobre todo ponerse a meditar durante un rato y diariamente, en la inteligencia. Comenzando por preguntarse: ¿Qué cosa es la inteligencia? Continuando por pensar en que todo contiene inteligencia en el universo, las plantas, los animales, etcétera, y terminando por afirmar: «**Yo Soy** inteligente con la inteligencia de Dios mismo, ya que soy creado de la esencia misma del Creador; por la inteligencia de Dios». A los pocos días de repetir este tratamiento se notará ya un cambio en la elasticidad y la penetración mental, y con solo una semana de ejercicio se aprecia la transformación en la forma de amar a los demás, una serenidad y una generosidad de expresar. Al mismo tiempo se nota un cambio total en los otros hacia uno mismo. Esto se debe a que somos *individuos*; es decir, indivisibles. Lo que afecta a uno afecta a todos. El escalón que subas tu ayuda a toda la raza.

Ahora pasaremos a tratar sobre el enemigo número uno de toda la humanidad: El resentimiento y el rencor, por no decir el odio. Casi no hay seres

humanos que estén exentos de resentimientos, sin
saber que esto amarga la vida entera, influye en mal
toda manifestación y es causa de todas las decepcio-
nes que sufrimos, aun cuando se aprende a *negar y
afirmar*, a *conocer la Verdad*, a vigilar y a corregir los
pensamientos y las palabras. Un solo resentimiento,
un rencor grabado en el subconsciente y en el alma
actúan como una fuentecita de hiel que emana su gota
de amargura, lo tiñe todo y contraría sorpresivamente
nuestros mayores anhelos. Nada, ni la demostración
más perfecta, puede perdurar mientras exista aquel
foco infeccioso que malogra nuestro propio ser. La
Biblia, las Iglesias, las religiones se cansan de abogar
por el perdón y el amor hacia los enemigos, y todo es
en vano mientras no enseñen la forma práctica de im-
ponernos el perdón hacia los que nos hieren. Mucho
se escucha decir: «Yo perdono, pero no puedo olvidar». Mentira. Mientras uno recuerde un daño, no lo
ha perdonado.

Vamos a dar la fórmula infalible para perdonar y
olvidar al mismo tiempo para nuestra propia conveniencia, ya que esto nos establece en el punto central
del equilibrio, el de la tolerancia y la buena voluntad
y esto es un esfuerzo de amor. San Juan, el Apóstol de
amor dice: «El amor es el cumplimiento de la ley».

Cumplir con la ley del amor es cumplir con todas las leyes. Es estar con Dios, en Dios, es ser dichoso, satisfecho y completo en todas nuestras manifestaciones. Mi maestro decía: «El hombre que ama bien es el más poderoso del mundo». Y aquí la receta para bien amar: Cada vez que sientas algo desagradable hacia otro o bien que te encuentres resintiendo algo que te hayan hecho, o que te reconozcas un franco rencor o un deseo de venganza, ponte deliberadamente a recordar (no es tratar de olvidar lo de ahora), es a recordar todo lo bueno que conoces de aquella otra persona. Trata de revivir los ratos agradables que gozaste en su compañía, en tiempos pasados, anteriormente al momento en que te hirió. Insiste en rememorar lo bueno, sus buenas cualidades, la forma en que pensabas de ella. Si logras reírte de algún chiste que ella dijo o de algo cómico que gozaron juntos, el milagro se ha hecho. Si no basta con un solo tratamiento, repítelo tantas veces como sea necesario para borrar el rencor o resentimiento. Te conviene hacerlo *hasta setenta veces siete.*

Esto es el cumplimiento de la ley dada por Jesús: «No resistáis al mal». Esto es volver la otra mejilla. Es amar a los enemigos, bendecir a los que nos maldicen, hacer bien a los que nos aborrecen y orar por los que nos ultrajan y persiguen; todo, sin exponernos a que nos pisoteen. Si lo haces con sinceridad te vas a dar cuenta de algo muy extraño y es que te sentirás liberado, primeramente, y luego que una montaña de pequeños inconvenientes que te ocurrían y que no sabías a qué atribuir desaparecen como por encanto y tu vida marchará sobre rieles. Además de que te verás amado por todo el mundo, aun por aquellas personas que antes no te quisieron bien.

Decretos y Afirmaciones

La técnica
de los Tratamientos Metafísicos

Lo que sigue es para que aprendas a formular tus oraciones que en Metafísica llamamos *tratamientos*. Como todo el día estamos pensando y decretando, todo el día estamos orando, en forma negativa o en forma positiva, y creando nuestras propias condiciones, estados y sucesos.

Lo importante es mantenerse en el ánimo que expresa la oración. Si después de afirmar te dejas regresar al polo negativo, destruyes el efecto de la oración. Cuida tus pensamientos. Cuida tus palabras. No te dejes arrastrar por lo que expresen otros. Recuerda que ellos ignoran lo que tú ya vas conociendo.

Lo que pienses y pidas para ti, piénsalo también para los demás. Todos somos uno en espíritu y esa es la forma más efectiva de dar. Mejor que pan y limosna ya que el pan y la limosna duran solo unos instantes, mientras que la Verdad se queda con el otro para siempre. Tarde o temprano tu don espiritual te entrará en la mente consciente y habrás hecho labor de salvación en un hermano. El Principio del Ritmo, que es la ley del péndulo, el búmeran, te devuelve el bien que haces (como también el mal que haces).

Se ha dicho que *uno con Dios es la mayoría*, de manera que una sola persona que eleve su consciencia al plano espiritual y *reconozca* la Verdad en la forma expresada más arriba, es capaz de salvar de la ruina a una organización, salvar de la crisis a una comunidad, una ciudad o una nación porque actúa en el plano espiritual que es la Verdad y esta domina a todos los planos inferiores.

Conoced la Verdad y ella os hará libres.

✠

Nuestro lema:

Lo que no puedas aceptar déjalo pasar,

pero sigue leyendo...

Para la salud

«**YO SOY**» Vida. Debes decir en alta voz: «**YO SOY**» la Vida. La Vida es salud. La salud es lo opuesto a la enfermedad. La salud es la única verdad.

✠

Dios es vida, el hijo de Dios es esa misma vida. Pensar, meditar en la verdad de Dios, es comer de ese pan, es apropiar esa verdad.

✠

Niego la apariencia de toda afección física. No la acepto ni para mí ni para nadie. La única verdad radica en el espíritu y todo lo inferior se amolda a mi palabra al yo reconocer la Verdad. En nombre de Jesucristo que nos autorizó, decreto que yo y todos somos Vida. La Vida es salud, fuerza y alegría. Gracias, Padre, que me has oído.

✠

Yo no quiero que muera ninguno de los míos
hasta que termine de cumplir su misión. Hágase la
voluntad de Dios. Gracias, Padre, que ya me has oído.
Y cada vez que la idea se ofrezca a la mente decirle:
«No, gracias. No te necesito. Conozco la Verdad»,
como quien despide a un vendedor inoportuno que
llega a la puerta.

✠

De acuerdo con la voluntad de Dios, yo no
quiero que ninguno de mis seres queridos sufra
enfermedades, inarmonías, accidentes, ni que muera
antes de haber cumplido su cometido en este mundo.
Por lo tanto, no habremos nunca de sufrir, ni ellos
por mi desaparición, ni yo por la de ellos. Esa es la
Ley de Dios y yo me amoldo voluntariamente a ella.
Gracias, Padre, por tu grandeza.

✠

De ahora en adelante, cada vez que tu anatomía quiera manifestar algún desperfecto, así como cada vez que te venga una de esas ideas erradas de temor a perder o dañársete una facultad, dirás cortésmente pero con firmeza: «No. Nada de eso. No quiero. Tú existes para mi conveniencia, para servirme, y Dios no hace una idea incompleta. Gracias, no lo necesito, no me sirve para nada una idea tan absurda».

✠

Para la protección

«Yo Soy» la Victoriosa **Presencia** del
Todopoderoso que ahora me reviste de mi manto
de Luz Brillantísima que me hace y me conserva
invisible e invencible a toda creación humana para
siempre.

(Esta es una invocación de protección y ha de
hacerse diariamente para formar un ímpetu que
perdure para siempre).

☩

Contra toda manifestación fenomenal que esté
estorbándote a cualquier hora:

Cierro la puerta astral, mi aura y el aura de mi
casa. Invoco a los Ángeles de la Llama Rosa a que
impregnen y rodeen esta manifestación y pido lo
mismo para todo el planeta.

☩

Exorcismo para ahuyentar a toda entidad que nos esté molestando o que pretenda incorporarse en nosotros o en otros:

En el nombre de la Amada **Presencia** de Dios «**YO SOY**» en mí (si sabes su nombre dilo así: Invoco a…), te invoco y te digo que te amo, te amo, te amo, y ahora en amor regresa al Padre y ocúpate de Sus asuntos como me ocupo yo aquí en la Tierra. ¡Así sea!

✠

Para pedir protección para nuestro hogar contra ladrones, entidades nocturnas y pintores de muros.

Decir todas las noches: Ángeles de la Llama Rosa (3 veces), vengan (3 veces), enciendan (3 veces) la Llama Rosa del Amor Divino en torno a mi casa, mis ventanas y mis puertas, cubran a mis vecinos, mis seres queridos, y que todo aquel que roce con el borde de este manto sienta el Amor Divino y pierda todo deseo de dañar la propiedad ajena. Gracias.

✠

Para impedir daños por terceros

Y para hacer el bien a aquellos que nos lo pidan

Amada **Presencia** de Dios en mí y en… En tu nombre me dirijo al Cristo en… y le hablo directamente: «Te recuerdo que eres perfecto hijo de Dios, generoso, noble, justo, honrado. Te saludo, te reconozco y te recuerdo que Tú no quieres que tu Yo Inferior se conduzca de ninguna forma contraria al Concepto Inmaculado. Gracias, porque sé que ya están poniendo el orden en Tu Templo».

✠

No acepto decretos destructivos ni para mí ni para mis seres queridos. Amada **Presencia** asume el mando. Que no queremos que les suceda nada a nuestros seres queridos.

✠

Yo pido ser protegido contra todas las intromisiones que por necesidad atravieso. Estoy envuelta en mi círculo electrónico, eternamente sostenida, porque «**Yo Soy**» el Fuego Sagrado.

✠

Todo lo que se me acerca es ahora y siempre transmutado en mi aura, porque yo no estoy aquí para cumplir un lapso karmático; yo estoy aquí para irradiar y permanezco intacto por toda vibración menor.

✠

«**Yo Soy**» el Maestro Interior que gobierna y controla todos mis procesos mentales en perfección Crística.

✠

«**Yo Soy**» la **Presencia** Positiva, la Corriente Pasiva, la Acción Positiva, en todas partes.

✠

Yo te borro al instante, yo te quito todo poder.
Tú no puedes afectarme ni a mí ni a mi ambiente.
Yo ordeno a través de mi Amada **Presencia** que esta
situación sea ajustada y que se manifieste el orden y la
armonía.

⌖

¡Los grandes seres cósmicos, los Ascendidos
Maestros, la Jerarquía Blanca están haciendo
un inmenso trabajo para proteger a la tierra con
envolturas de amor: Llamas Rosa, Violeta, etc. Por
consiguiente, al lanzar vibraciones y decretos de amor
(como por ejemplo: *yo le mando amor*), estaremos
no solamente haciendo una labor de maestría y ayuda
sino también protegiéndonos y salvándonos de lo que
venga ¡tanto más lo hacemos, tanto más logramos!
¡Gracias!

⌖

No acepto, no quiero eso ni para ti ni para mí y, por lo tanto, no ocurrirá porque Uno con Dios es la mayoría. Dios no lo quiere porque Dios es el bien y el amor.

✠

No acepto el temor. Dios es Amor. «Yo Soy» su hijo, «Yo Soy» amor. Hecho de Amor, por Amor. Gracias, Padre, que me has oído.

✠

Para la prosperidad

Niego toda apariencia de escasez. No es la Verdad, no lo puedo aceptar, no la quiero. La abundancia de todo es la Verdad. Mi mundo contiene todo. «**Yo Soy**» la abundancia de todo. Gracias, Padre, que el día de hoy todo está cubierto.

✠

Ya está todo provisto, todo dado por un Padre todo amor. Solo tengo que reclamar mi bien. Señálame el camino, Padre. Habla que tu hijo te escucha. Gracias, Padre.

✠

Mi mundo contiene todo y no es verdad que yo pueda carecer de lo que necesito en ningún momento. Espiritualmente, lo que necesito está conmigo y reclamo la apariencia material porque me hace falta para mi materia en este momento.

✠

Vamos a pensar que Dios nos lo quiere dar y que solo está esperando el momento para darnos la sorpresa.

Dios estará conmigo y me protegerá en mis caminos, me dará el pan y la ropa.

✠

Gracias, Padre, que hoy todo está cubierto.

✠

Para el perdón

«**Yo Soy**» la resurrección y la vida del decreto constructivo que hice respecto a esta situación. Me perdono esta recaída. «**Yo Soy**» la Ley del Perdón y la llama transmutadora de todos los errores cometidos por mí y por toda la humanidad. Gracias, Padre, que me has oído.

☩

«**Yo Soy**» la Victoriosa **Presencia** de Dios que me mantiene envuelto en mi pilar de Fuego Violeta encendido en todo mi ser y mi mundo, transmutando todas mis creaciones humanas, toda energía mal usada por mí contra todos los elementos, los animales, las criaturas; toda vida, todo hombre, mujer y niño; toda causa y núcleo de pensamiento negativo, destructivo, impuro; todo diseño, patrón o hábito de odio, celos, mala voluntad o desagrado, maledicencia, mentiras, venganza, ira. ¡Que sean transmutadas (repetir esta frase tres veces) todo efecto, récord y memoria antes de que puedan actuar, manifestar o mantenerse hasta que me halle en estado de perfecta pureza!

☩

«**Yo Soy**» la Ley del Perdón y la Llama Transmutadora de todos los errores que yo haya cometido. «**Yo Soy**» la Llama Transmutadora de todos los errores de toda la humanidad.

✠

Dios es infinita misericordia y no deja a un hijo suyo en eterno castigo sin darle oportunidad de saldar sus deudas.

✠

Yo estoy encendido en Fuego Violeta, libre de toda creación humana y ahora y eternamente sostenido.

✠

En el nombre de la Amada **Presencia** «**Yo Soy**» invoco la Llama Violeta libertadora a que envuelva y encienda a todo electrón que compone el planeta Tierra y todos sus habitantes.

✠

«**Yo Soy**» la Ley del Perdón y la Llama Violeta transmutadora de toda acción no armoniosa y toda creación humana, desde ahora para atrás hasta el momento de mi individualización.

✠

«**Yo Soy**» aquí y «**Yo Soy**» allí, y yo estoy ahí en toda la humanidad. De manera que todo lo que yo diga de ahora en adelante incluye a todo ser humano.

✠

«**Yo Soy**» la **Presencia** del Dios Todopoderoso que mantiene el Fuego Violeta ardiendo en todo mi ser y todo mi mundo, y me mantiene sellado en un pilar de Fuego Violeta que transmuta al instante toda creación humana, en, a través, en contorno, compresionando contra mí, que regrese buscando redención y que yo contacte en cualquier forma.

✠

«**Yo Soy**» una antorcha de Fuego Violeta y todo lo negativo que se me aproxime es transmutado al instante.

✠

Mi Amada **Presencia** transmuta toda imperfección que yo pueda haber creado y con la autoridad de «**Yo Soy**» me repone toda la fuerza y la perfección que yo deseo.

☩

«**Yo Soy**» la Ley del Perdón y la Llama Violeta transmutadora que consume toda la energía mal usada por mí desde mi individualización. Uno mi corazón al latido del Corazón Universal.

☩

En el nombre de mi Amada **Presencia** «**Yo Soy**», por el Poder y la Autoridad que me confiere yo desbarato esto; es decir, cualquier apariencia negativa.

☩

«**Yo Soy**» siempre un gigantesco pilar de Llama Violeta consumidora de puro amor divino que trasciende todos los conceptos humanos y derrama constantemente todo el triunfo y toda la perfección del Padre.

☩

¡Poderosa **Presencia «Yo Soy»**! asume el
mando absoluto de mi mente, mi cuerpo y mi mundo.
Aplica tu cristalina Llama Violeta consumidora en
mí y consume todos mis errores y defectos pasados
y presentes, su causa y efecto, y disuelve todos mis
problemas para siempre.

✠

¡Poderosa **Presencia «Yo Soy»**! aplica en mí tu
cristalina Llama Violeta consumidora, y consume toda
influencia contraria a la paz y al bienestar propio y de
todos los que me rodean. Envuélveme en tu canal de
Luz y energía como en una poderosa muralla contra
la cual choque toda fuerza negativa, destructiva y no
benéfica, y vuelva a su punto de origen trasmutada en
buena voluntad, en amor y en bienestar hacia todos
los que alcance en su acción.

✠

«Yo Soy» (3 veces) la Victoriosa **Presencia** de Dios Todopoderoso que mantiene la Llama Violeta del Amor y la Libertad encendida en todas las partes de mi ser y mundo, y pido ser sellado en un Pilar de esa Llama Sagrada para que transmute (3 veces) toda creación humana en, a través, en contorno mío, en Pureza, Libertad y Perfección.

✠

Para el amor divino

No hay dificultad que no se pueda vencer con
suficiente amor. No hay enfermedad que no se cure
con suficiente amor. No hay puerta que no abra el
suficiente amor ni abismo que no pueda zanjar el
suficiente amor. No hay muro que el suficiente amor
no derrumbe, ni pecado que el suficiente amor no
redima.

✠

No importa cuán enterrado esté el error, ni cuán
desesperado sea el panorama, ni cuán grande el
error, ni cuán enredado el enredo. Si puedes amar
lo suficiente serás el ser más poderoso y feliz de la
Tierra.

✠

Te envuelvo en mi círculo de amor. Persisto hasta
ver el cambio.

✠

Mi alma está llena de Amor Divino. Estoy rodeado de Amor Divino, e irradio Amor y Paz a todo el mundo. Yo tengo consciente Amor Divino. Dios es Amor y no existe otra cosa en la creación que Dios y su Expresión. Todos los seres humanos son expresiones del Amor Divino, de manera que «Yo» no puedo tropezarme con otra cosa que las expresiones del Amor Divino. No puede ocurrir otra cosa que las expresiones del Amor Divino. Todo esto es la Verdad ahora. Este es el caso actual. El actual estado de cosas. Yo no tengo que esforzarme a que esto suceda, lo observo en este momento. El Amor Divino es la naturaleza del Ser. No hay sino Amor Divino y yo lo sé.

✠

Yo comprendo perfectamente lo que es el Amor Divino. Yo tengo realización consciente del Amor Divino. El Amor de Dios arde en mí hacia la humanidad. «Yo Soy» un foco de Dios radiando Amor Divino a todo aquel con quien yo me encuentre, hacia todo aquel en quien yo piense.

✠

Deseo amarte, quiero quererte, ayúdame a quererte.

✠

Yo perdono todo, todo lo que necesite mi perdón, absolutamente todo. El Amor Divino llena mi corazón y todo está perfecto. Ahora irradio Amor a todo el universo sin excepción de nadie. Experimento Amor Divino. Yo manifiesto Amor Divino. Doy gracias a Dios por esto.

✠

«Yo Soy» aquí, «Yo Soy» allá «Yo Soy» el Poder, la Inteligencia y el Amor Divino. Amada **Presencia**, te invoco a la acción.

✠

«Yo Soy» la pureza inmaculada que mantiene impecable mi cuerpo, mi ropa, mi hogar, mi conciencia y mi mundo.

✠

«**Yo Soy**» el Amor Divino, la Inteligencia Divina, el Poder Divino, el Equilibrio y el Aliento Divinos.

✠

«**Yo Soy**» manso y humilde de corazón.

✠

«**Yo Soy**» la riqueza, la elegancia, la alegría, la felicidad.

✠

«**Yo Soy**» la Tríada.

✠

«**Yo Soy**» todas las nobles facultades, talentos y virtudes.

✠

«**Yo Soy**» el cuerpo de Cristo.

✠

«**Yo Soy**» la pureza inmaculada que mantiene impecable mi cuerpo, mi ropa, mi hogar, mi conciencia y mi mundo.

✠

«**Yo Soy**» el camino, la verdad y la vida.

✠

«**Yo Soy**» la puerta abierta que nadie puede cerrar.

✠

«**Yo Soy**» todo lo perfecto contenido en mí.

✠

«**Yo Soy**» el único Poder contenido en mí, la única **Presencia**, la única Armonía.

✠

«**Yo Soy**» Uno con el Padre.

✠

«Yo Soy» la **Presencia** Guardiana que nada ni nadie puede afectar, asustar, ni desagradar.

✠

«Yo Soy» Dios en Acción.

✠

«Yo Soy» la expresión del Amor Divino. El Amor transforma, transfigura, llena de armonía.

✠

Para la alegría

El gran secreto metafísico de la felicidad

Con una sola vez que yo ensaye lo que aquí digo, no se me va a olvidar jamás:

1. Yo no hablo ni permito que se me hable nada contrario a la perfecta salud, la felicidad y la prosperidad.

2. Yo le hago sentir a todo ser viviente que lo considero valioso.

3. Yo le busco el lado bueno a todo lo que me ocurre y a todo lo que veo ocurrir a otros.

4. Yo pienso en todo lo mejor, espero todo lo mejor, trabajo únicamente por lo mejor.

5. Yo siento igual entusiasmo por lo bueno que le ocurre a otro que por lo que me ocurre a mí.

6. Yo olvido mis errores del pasado y sigo adelante a mayores triunfos.

7. Yo llevo una expresión agradable en todo momento y sonrío a todo ser que contacto.

8. Yo no tengo tiempo para criticar a los demás ya que paso tanto tiempo mejorándome.

9. Yo me hago tan fuerte que nada puede perturbar la paz de mi mente.

10. «**Yo Soy**» demasiado grande para preocuparme, demasiado noble para enfurecerme, demasiado fuerte para temer, demasiado feliz para permitir la presencia de algo negativo.

✠

Niego la propia existencia de esta tristeza
(pena o depresión). Dios no la autoriza. Borro en
mí toda tendencia a la negatividad. No la necesito.
No la acepto. Dios es dicha, gozo, alegría. «**Yo
Soy**» dicha, gozo, alegría. Gracias, Padre, por…
(comienza a enumerar todo lo que tengas, hasta lo
más insignificante).

☦

No acepto esto. «**Yo Soy**» la Alegría. «**Yo Soy**»
la dicha.

(*Comienza a enumerar todo lo bueno que tienes*).

Gracias, Padre.

☦

Para la fe

Niego el temor. Dios no creó el temor, luego no tiene otra existencia que la que yo le quiera dar, y yo no acepto, no deseo esta apariencia creada por mí. Suelto y dejo ir toda sombra de temor en mí (o en ti). Juan Apóstol dijo: «El amor desarraiga todo temor». Dios es amor. «YO SOY» su hijo, soy hecho en, por y de amor. Esta es la Verdad. Gracias, Padre.

✠

Dice la Biblia: «El nombre del Señor es una torre fuerte. El pensador correcto entra en ella y está salvado».

✠

Ya yo hice el tratamiento y no tengo por qué angustiarme ni preocuparme. Gracias, Padre. Puedes dar gracias infinitas tanto como quieras. Eso sí, reafirma la demostración y ese regocijo. Regocijaos y dad gracias a Dios en todo.

✠

Yo acepto ahora la verdad de que poseo un
Ser Divino, glorioso, que en este momento está
desarrollando y trayendo a mi vida y a mis sentidos
la realización de mi propia divinidad. Afirmo que
poseo en el centro de mi cabeza un ganglio (chakra)
llamado «Fe» que genera y produce toda la fe que me
es necesaria, de manera que no puedo jamás volver a
decir que mi fe es insuficiente. Si tengo a Dios en mí,
si todo mi ser es hecho de esencia de Dios mismo del
cuerpo de Dios mismo, mi padre-madre, tengo en mi
ser todas las cualidades y todos los atributos de Dios
mismo. Gracias, Padre, que esto es la Verdad.

✠

El Poder de mi **Presencia «Yo Soy»** es
una sustancia autoluminosa que irradia en todas
direcciones al yo invocarla.

✠

«Invoco el Poder de mi **Presencia «Yo Soy»** para
que me dé el autodominio. **«Yo Soy»** el aplomo que
controla todo».

✠

«Yo Soy» la única **Presencia**, el único Poder aquí.

✠

Aquietaos y sabed que «Yo Soy» Dios. Aunque tiemble la tierra, aunque se conmuevan los montes en el seno del mar, aunque se espumen y agiten sus olas, aunque retiemblen los montes a su empuje, túrbense las naciones, vacilen los reinos, no temeremos porque en medio está Dios. No será conmovida. Dios la socorrerá desde el clarear de la mañana. Dice su voz y se derrite la tierra. Él es quien hace cesar la guerra hasta los confines de la Tierra. Él rompe el arco, troncha la lanza y hace arder los escudos en el fuego. Aquietaos y sabed que «Yo Soy» Dios… Un río con sus brazos alegra la ciudad de Dios (la ciudad de Dios: la ciudad es la conciencia y el río es la energía), el Santuario donde mora el Altísimo. Venid y ved las proezas de Yahvé («Yo Soy»). Los prodigios que obra sobre la Tierra.

✠

«**Yo Soy**» fuerte en el Señor con toda la fuerza de su poderío.

✠

Todo poder me ha sido conferido en mente, en cuerpo y en espíritu.

✠

Frente a todo lo que contraría la Paz mundial o particular:

No acepto esta apariencia de conflicto. «**Yo Soy**» la Paz, la Armonía, el Orden. Todos somos uno solo. Perdónalos, Padre, que no saben lo que hacen. Yo perdono y me perdono.

Gracias, Padre, que me has oído y siempre me oyes.

✠

Para dar gracias

¡Gracias, Padre, por el agua que nos regalas y que siempre está ahí. El agua que bebemos, que absorbemos y que mantiene lindo y limpio nuestro mundo.

✠

¡Gracias, Padre, por el aire que nos regalas y siempre está ahí! Si no tuviéramos el aire, ¿cuánto tiempo crees tú que pudiéramos sobrevivir? Un segundo, dos segundos, tres segundos…

✠

¡Gracias, Padre, por el Sol que nos regalas y siempre está ahí! Luz y fuego de nuestra vida, si el sol se nos apagara, de inmediato caeríamos en las tinieblas; ciegos, inermes, congelados para siempre.

✠

¡Gracias, Padre, por la Tierra que nos regalas y siempre está ahí! Gracias por el imán que ella ejerce en nosotros brindándonos un hogar. Gracias, porque ella no nos deja salir flotando y vagando por el espacio para siempre.

✠

Bendita Agua,
Bendito Aire,
Bendito Sol,
Bendita Tierra.

✠

Otros decretos y afirmaciones

¡Amado Hijo de la Luz! Despiértate en la Poderosa Gloria de tu verdadero Ser; camina hacia delante como una Poderosa Presencia Conquistadora; sé la Luz de Dios que nunca falla; muévete, vestido en la luz de la Gloria trascendente de tu Yo-Dios y sé libre.

✠

¡Óyeme, Dios! Ven acá y cuídame esto.

✠

A través de la Presencia que «**Yo Soy**» esta situación cesará ahora y para siempre.

✠

Aquiétate y sabe que «**Yo Soy**» Dios.

✠

Dios en mí, Presencia «**Yo Soy**», manifiéstate, gobierna y resuelve esta situación armoniosamente.

✠

Doy las gracias, he entrado en esta Luz de lleno usando la comprensión perfecta.

✠

Gran Presencia «**Yo Soy**», llévame dentro de ti, instrúyeme y haz que yo retenga la memoria completa de estas instrucciones interiores.

✠

La Presencia «**Yo Soy**» está dentro de esa persona y lo humano no me concierne.

✠

La Presencia «**Yo Soy**» gobierna completamente este cuerpo físico y lo obliga a la obediencia.

✠

Poderosa Presencia «**Yo Soy**» ¡Mira, necesito ayuda! ¡Cuida de que la puerta esté cerrada a esta molestia y ciérrala para siempre!

✠

Le doy todo Poder a mi Presencia «**Yo Soy**» que soy, y me niego para siempre a aceptar toda otra cosa.

✠

Solamente la Presencia «**Yo Soy**» actúa en esa persona.

✠

No hay nada oculto que no me sea revelado.

✠

Sabiendo que el «**Yo Soy**» es Todopoderoso afirma entonces que Solo la Justicia Divina puede hacerse aquí.

✠

Tu Poderosa Presencia «**Yo Soy**» es la Fuente de la Eterna Juventud y Belleza, la cual llamas a la acción y expresión en tu forma humana.

Tu Poderosa Presencia «**Yo Soy**» es la Luz es la Inteligencia que te dirige, es tu Energía Inagotable Sostenedora.

Tu Poderosa Presencia «**Yo Soy**» es la Luz que ilumina a todo hombre que viene al mundo.

✠

Tu Poderosa Presencia «**Yo Soy**» es la Resurrección y la Vida de tu cuerpo, de tu mundo en acción, en esa Perfección que todo corazón humano tanto desea.

Tu Poderosa Presencia «**Yo Soy**» es la Verdad, el Camino y la Vida.

✠

YO acepto ahora mi Perfección completa y terminada ya.

✠

YO califico todo en mi Mundo este día con la Perfección porque «**Yo Soy**» la Perfección. Yo califico esta mente y cuerpo con la Perfección Absoluta y me niego a aceptar cualquier otra cosa.

✠

Yo sé lo que hago y lo estoy haciendo. Mi «**Yo Soy**» me guía y me fortalece.

«**Yo Soy**» la Presencia dominante y yo Mantengo mi Conciencia aquí.

✠

«**Yo Soy**» completa.

✠

«**Yo Soy**» el aliento perfectamente controlado de mi cuerpo.

✠

«**Yo Soy**» el Amor Divino que llena las mentes y corazones en todas partes.

✠

«**Yo Soy**» el Amor, el magno Poder motriz detrás de toda acción.

✠

«**Yo Soy**» el cinturón o el anillo o el círculo protector alrededor mío.

✠

«**Yo Soy**» el Corazón de Dios y ahora produzco ideas y cometidos que jamás han sido producidos anteriormente.

✠

«**Yo Soy**» el Gran Círculo Mágico de protección alrededor mío que es invencible, que repele todo elemento discordante que intenta entrar a molestarme.

✠

«**Yo Soy**» el Maestro Interior gobernando y controlando todos mis procesos de pensamiento, en la Perfección de Cristo, íntegramente como Yo deseo que sean.

✠

«**Yo Soy**» el milagro y «**Yo Soy**» la Presencia precisando su manifestación a través del Amor Divino, Sabiduría y Poder.

✠

«**Yo Soy**» el Pensamiento y el Sentimiento creador perfecto presente en todas las mentes y corazones de todo el mundo en todas partes.

✠

«**Yo Soy**» el perfecto aplomo en mi hablar y en mi actuación en todo momento porque «**Yo Soy**» la Presencia Protectora.

✠

«**Yo Soy**» el Poder de Dios Todopoderoso.

«**Yo Soy**» el Poder de mi Autocontrol completo para siempre sostenido.

«**Yo Soy**» el Poder que gobierna y ordena todo armoniosamente.

«**Yo Soy**» el Poder que lo produce.

«**Yo Soy**» el Poder y la Acción allí.

☦

«**Yo Soy**» el Poder y la Presencia consumidora de todo temor, duda y confusión que pueda haber en mi mente exterior, sobre la invencible actividad del «**Yo Soy**».

☦

«**Yo Soy**» la Acción plenamente liberadora del Amor Divino.

☦

«**Yo Soy**» la actividad cumplida y el Poder sostenedor de toda cosa constructiva que yo desee.

☦

«**Yo Soy**» la ascensión de este cuerpo físico ahora.

«**Yo Soy**» la Ascensión en la Luz.

«**Yo Soy**» la Atmósfera Pura de mi mundo.

✠

«**Yo Soy**» la Comprensión total, Poder y Uso de toda esta Perfección.

✠

«**Yo Soy**» la Energía Perfecta de cada soplo que respiro.

✠

«**Yo Soy**» la Energía que usas en cada acción.

«**Yo Soy**» la Esencia misma de todo aquello que yo deseo.

✠

«**Yo Soy**» la eterna Liberación de toda imperfección humana.

✠

«**Yo Soy**» la Fuerza, el Coraje, el Poder de adelantar a través de toda experiencia, cualquiera que sea, y permanezco alegre, elevado, lleno de paz y armonía, en todo momento, por la gloriosa Presencia que «**Yo Soy**».

«**Yo Soy**» la gran opulencia de Dios hecha visible en mi uso ahora y continuamente.

✠

«**Yo Soy**» la Guardia invencible establecida y sostenida en mi Mente, mi Cuerpo, mi Hogar, mi Mundo y mis Asuntos.

✠

«**Yo Soy**» la Inmensa Energía Electrónica que fluye, que renueva, que llena cada célula de Mi Mente y Mi Cuerpo ya, en este mismo momento.

✠

«**Yo Soy**» la Memoria consciente y la Comprensión en el uso de estas cosas. La Presencia «**Yo Soy**» me viste con mi traje de Luz Eterna y Trascendente.

✠

«**Yo Soy**» la Inteligencia perfecta activa en este cerebro.

«**Yo Soy**» la Inteligencia protectora omnipresente y omnipotente que gobierna esta mente y este cuerpo.

«**Yo Soy**» la Inteligencia que califica esto con lo que sea necesario.

«**Yo Soy**» la inteligencia y el ojo avizor que encuentra todo.

«**Yo Soy**» la Inteligencia y el Poder que los produce y ninguna otra actividad exterior puede impedírmelo.

«**Yo Soy**» la Inteligencia, la Sabiduría, dirigiendo cada uno de tus esfuerzos.

✠

«**Yo Soy**» la Ley del Perdón y la Llama Consumidora de toda Acción Inarmónica y de Conciencia Humana.

«**Yo Soy**» la Ley.

✠

«**Yo Soy**» la Luz iluminando cada célula de tu ser.

✠

«**Yo Soy**» la Luz, el Camino y la Verdad.

✠

«**Yo Soy**» la Magna Llama consumidora que ahora y para siempre disuelve todo error pasado y presente, su causa y núcleo y toda creación indeseable, por lo cual mi ser externo sea responsable.

«**Yo Soy**» la Magna Presencia de esta Energía Alerta y Radiante que surge a través de Mi Mente y Mi Cuerpo, disolviendo todo lo que sea diferente a ella misma.

✠

«**Yo Soy**» la milagrosa Presencia trabajando en todo lo que yo necesito que se haga.

✠

«**Yo Soy**» la obediente e inteligente Actividad de mi Mente y Cuerpo.

✠

«**Yo Soy**» la perfección de ese individuo que tiene apariencia de vejez.

«**Yo Soy**» la Perfección autosostenida de Mi Mundo.

«**Yo Soy**» la perfecta actividad de cada órgano y célula de mi cuerpo.

«**Yo Soy**» la perfecta audición oyendo a través de estos oídos.

«**Yo Soy**» la perfecta salud manifestada ahora, en cada órgano de mi cuerpo.

«**Yo Soy**» la perfecta visión mirando a través de estos ojos.

☩

«**Yo Soy**» la Poderosa Presencia gobernando la actividad de cada uno.

«**Yo Soy**» la Poderosa Presencia ordenando el Tiempo, todo el Tiempo que yo necesite para la realización y aplicación de esta Poderosa Verdad.

☩

«**Yo Soy**» la Presencia Activa de todos los canales de distribución de todas las cosas actuando para bien mío.

«**Yo Soy**» la Presencia Activa trayendo este dinero a mis manos y uso instantáneamente.

«**Yo Soy**» la Presencia anulando todo esto para que no pueda afectar ni a mí ni a mi hogar o mundo.

«**Yo Soy**» la Presencia aquí que mantiene mi ropa y hogar inmaculados.

«**Yo Soy**» la Presencia Armoniosa que prevalece siempre por encima de cualquier cosa que la condición sea.

«**Yo Soy**» la Presencia Conquistadora ordenando la Paz, el Amor y la Armonía en mi Hogar y ambiente.

«**Yo Soy**» la Presencia Conquistadora, yo ordeno a esta Presencia «**Yo Soy**» que gobierne perfectamente mi mente, hogar, asuntos y mundo.

✠

«**Yo Soy**» la Presencia de la salud perfecta.

«**Yo Soy**» la Presencia de mi perfecta vista y oído.

«**Yo Soy**» la Presencia del Amor Divino en todo momento.

«**Yo Soy**» la Presencia del Perdón en la mente y el corazón de cada uno de los hijos de Dios.

✠

«**Yo Soy**» la Presencia dominante que prohíbe esta tontería y mantengo el control de mi Mente y mi Cuerpo eternamente.

«**Yo Soy**» la Presencia gobernante dirigiendo en perfecto Orden Divino, comandando la Armonía, la Felicidad, y la Presencia de la opulencia de Dios en mi mente, mi hogar y mi mundo.

«**Yo Soy**» la Presencia gobernante que me precede a donde yo vaya durante este día, ordenando perfecta Paz y Armonía en todas mis actividades.

✠

«**Yo Soy**» la Presencia iluminadora, por la cual nada que yo necesite saber me puede ser sustraído, ya que «**Yo Soy**» la Sabiduría, «**Yo Soy**» la Perfección, «**Yo Soy**» el Poder revelador que me trae todo ante mí para yo poder comprender y actuar de acuerdo.

✠

«**Yo Soy**» la Presencia llenando mi mundo con la Perfección este día.

«**Yo Soy**» la Presencia ordenando y sanando esta situación.

«**Yo Soy**» la Presencia pensando a través de esta mente y este cuerpo.

«**Yo Soy**» la Presencia preparando el camino y trayendo el contacto visible con los Amados Maestros Ascendidos.

«**Yo Soy**» la Presencia que cambia esto y lo cambia ahora, porque la Acción de Dios es siempre instantánea.

✠

«**Yo Soy**» la Presencia que gobierna esto y que lo utiliza para su más alta expresión y uso.

«**Yo Soy**» la Presencia que mantiene a esa persona en la esfera a que pertenece, enseñando e iluminando.

«**Yo Soy**» la Presencia que nada puede perturbar.

«**Yo Soy**» la Presencia que nunca falla o comete un error.

«**Yo Soy**» la Presencia que ordena, la Energía inagotable, la Sabiduría Divina haciendo que mi deseo sea cumplido.

«**Yo Soy**» la Presencia que ordena.

«**Yo Soy**» la Presencia que produce este hogar maestro.

☩

«**Yo Soy**» la prueba contra cualquier disturbio repentino.

☩

«**Yo Soy**» la Presencia visible de aquellos llamados Ascendidos Maestros que deseo ver aparecer aquí ante mí y cuya asistencia invoco.

«**Yo Soy**» la Presencia, la Inteligencia, dirigiendo esta Energía hacia un propósito determinado.

✠

«**Yo Soy**» la puerta abierta a la Luz de Dios que nunca fracasa.

«**Yo Soy**» la puerta abierta que ningún hombre puede cerrar.

«**Yo Soy**» la puerta abierta que ningún hombre puede cerrar.

✠

«**Yo Soy**» la Pura Inspiración; «**Yo Soy**» la Luz Pura, en acción aquí.

«**Yo Soy**» la Pura Revelación de todo lo que yo quiero saber.

✠

«**Yo Soy**» la Revelación total y el Uso de todos los Poderes de mi ser que «**Yo Soy**».

✠

«**Yo Soy**» la riqueza de Dios en acción ahora manifestada en mi vida y mi mundo.

✠

«**Yo Soy**» la Suprema Autoridad, Dios en Acción.

✠

«**Yo Soy**» la Sustancia omnipresente sin límite que puedes usar y traer a la forma.

«**Yo Soy**» la Sustancia, la Opulencia ya perfeccionadas en Mi Mundo, de todas las cosas constructivas que pueda yo concebir o desear.

✠

«**Yo Soy**» la totalidad de toda Perfección que desees manifestar.

✠

Metafísica de

Los Diez Mandamientos[1]

*E*ntre las leyes llamadas *de Dios* que tú vas a estudiar en cuanto te sientas con ganas de aprenderlas, hay una que se llama la Ley de Correspondencia. No tiene nada que ver ni con las cartas ni con el correo. Correspondencia significa, en este caso, lo que *corresponde* a otra cosa; es decir, «igual a...» como también *lo que es lo mismo*...¿Me explico bien?

Esta Ley ordena que las condiciones de cada plano o cada estado de conciencia se encuentren repetidas en todos los planos, en todas partes. Por ejemplo, siempre estamos deseando saber cómo son las características del *más allá*, vamos a decir. Ese *más allá* siempre se refiere al plano superior de la Tierra o al plano inferior.

El lema de esta Ley es *Como es arriba es abajo y como es abajo es arriba*. Es decir, que así como en la Tierra tenemos gobiernos, escuelas, maestros,

---

1 N. de la A.: Insertamos aquí solo dos: el 5° y el 6° Mandamiento.

problemas y la forma de solucionarlos, hay manos, pies, oídos, ojos, hay sonido, tiempo, espacio, hay flores y frutas..., en fin ya sabes lo que se quiere decir. En cada plano. En todos los planos hay lo que corresponde a todo eso, a pesar de que esos otros planos sean invisibles para nuestros ojos terrenos. La única diferencia consiste en que a medida que se asciende de plano, las mismas condiciones se hacen menos densas, más amplias, digamos que más puras, más bonitas, más interesantes, pero más complicadas porque en cada plano superior hay una dimensión más que en el anterior. Esto no significa que nos será difícil vivir en el plano nuevo después que abandonamos el plano viejo. No. Por la sencilla razón de que no es más difícil para un niño caminar solo, después de que aprendió que no le va a ocurrir nada malo cuando se suelte.

Quinto Mandamiento

Vamos al grano. El Quinto Mandamiento en la Tierra dice: *no matarás*. Esto nos enseña que no debemos matar. No se debe. Es malo. Pero ¿por qué es malo? En verdad nadie te lo dice. Simplemente no debes matar.

Vamos al plano del *más allá*. Allí hay la misma Ley, solo que ella dice: «No matarás por más que lo intentes». No solamente no lo lograrás, sino que como el instrumento no encuentra nada que matar, se devuelve al lugar de donde salió. Lo lanzaste tú. Te hiere, o te golpea a ti. Eso no te gusta ni te conviene. No volverás a intentarlo. ¡Aprendiste a no matar!

Sexto Mandamiento

Ahora, por el momento vamos a estudiar el Sexto Mandamiento: *No robarás*. Este sigue el mismo Principio. En la Tierra se nos enseña que no se debe robar. Es malo. Tampoco se aclara lo suficiente el asunto ¿Y en el plano *más allá*? El mandamiento dice: «No puedes robar lo que no te pertenece. No lo intentes siquiera, no lo podrás. Puedes procurarte un objeto igual, pero nunca el mismo. Este no se quedará contigo y regresará a su legítimo dueño».

En la Tierra estos Mandamientos parecían prohibiciones. En el próximo plano se te revelan como condiciones. Leyes. Principios. No se pueden quebrantar. ¡Qué felicidad! Nadie te puede matar ni robar. Tú no puedes matar a nada ni nadie, no puedes apropiarte de lo ajeno, ni nadie se puede apropiar de lo tuyo, pero esa no es la única felicidad. Fíjate bien.

Cuando ya en la Tierra tú eres incapaz de matar y de robar, estás preparado para aprender las condiciones del otro plano que se llama *de conciencia*. Es decir, que cuando se aprende la primera lección se pasa a aprender la segunda, ¿No es así? Bien. Pero la gran felicidad es que cuando tú aprendes la segunda, no es necesario que te hayas muerto y que estés en el otro plano *más allá*. No. Estás vivito y coleando aquí en la Tierra. Aplicas la segunda lección, y te asombra ver que esa Ley te funciona lo mismo aquí en la Tierra que *en el cielo*. Es decir, que cuando tú sabes que la verdad es que nadie puede matar y que nadie puede robar, nadie te matará ni te puede robar. Nadie puede llevarse tu carro de tu puerta aunque le dejes el switch *pegado*. Nadie te puede arrancar la bolsa del brazo ni meterse de noche en tu casa, ni cobrarte más de la cuenta. Nada, nada, nada que no sea honesto te puede suceder. Lo que es tuyo... tuyo es y de nadie más.

Vamos a explicarte en breves párrafos el porqué. ¿Por qué no se puede matar? Porque la Vida es eso precisamente, vida. No es Muerte. La Vida no puede morir. Sería un contrasentido. Vida es eternamente vida y jamás puede ser muerte. Entonces, dirás tú, ¿Qué pasa conmigo? ¿No muero jamás puesto que yo estoy vivo? Exactamente. Tú estás en la Eternidad. Nadie te puede quitar tu Vida. Tu Vida es Dios. ¿Quién le quita Su Vida a Dios? Por eso Tampoco puedes matar a nadie, él sigue viviendo más vivo que nunca en el próximo plano, lo mismo que tú. Pero tú ahora sabes que lo que haces en la Tierra también se te devuelve. ¿Por qué? Por Ley de Correspondencia. Porque todo lo de un plano tiene su correspondencia en los otros. En todos los otros.

Esta Ley dice: «No hagas a otros lo que no quieres que otros te hagan a ti». Ya sabes la razón. Si aún no has aprendido a obedecer esta Ley, empieza a observar cómo se te devuelve todo lo que hagas a los demás, en mal o en bien.

Ahora, ¿por qué no se puede robar? ¿Qué es lo que hace funcionar esta Ley? Primero sabrás que has llegado a un impase, si es que todavía no has resuelto aceptar la Ley de la Reencarnación. (¡Ah, caramba!, dirás tú: ¿Qué tenemos aquí?). Uno de nuestros lemas metafísicos es «Lo que no puedas aceptar, déjalo pasar, pero sigue leyendo…».

Si no te gusta la idea, no reencarnes, pero tampoco adelantarás. Te quedarás estancado, por la misma razón que el que no quiera aceptar que el Sol va a salir mañana va a tener que meterse en un clóset todas las mañanas y permanecer allí encerrado durante todas las horas de sol, todos los días.

La Ley de la Evolución es una eterna experimentación y superación, como ya asomamos más arriba en el niño que aprende a caminar y que no tiene por qué temer, ya que él solo aprende a soltarse. Tú sabes eso; que todo viene cambiando de una cosa en otra como el nené que se vuelve niño; como el niño que se vuelve «pavito»; como el «pavito» que se vuelve adulto, luego viejo y después deja aquí el cascarón viejo y se va a buscar uno nuevo en el *más allá*. Cuando un ser «se muere», se encuentra en medio de una serie de circunstancias nuevas en el *más allá*, pero no ha perdido nada de lo que tiene valor, como el oído, la vista, el sentimiento, la voluntad, el libre albedrío, la facultad de moverse, de comunicarse con los demás, su identidad, su Yo. Por lo contrario, como hay allí una dimensión más, se ve más, se oye más, se siente más, se comprende más, se abarca más, etcétera. En otras palabras, nada de lo adquirido se puede perder. Solo se adapta a las nuevas condiciones del plano. Esto hace que en cada plano se vayan adquiriendo nuevas y mayores habilidades y conocimientos.

En cada vida encarnada se ganan nuevas experiencias y se aprende a usar nuevos objetos e instrumentos, que aunque materiales aquí en la Tierra, tienen su correspondencia en los otros planos invisibles. Pues, ¿qué clase de ventaja sería la de llegar a ser un acabado músico en el mundo y no poder exteriorizarlo en el próximo plano? Y has llegado a la gran explicación. Lo que adquieres, ya lo sabes, los instrumentos que tuviste que emplear, aprender a usar, como cubiertos, una cama, un fósforo, etcétera (en cada plano tienen sus correspondencias, no lo olvides) y estos, por ser tuyos ya («por derecho de consciencia», decimos en Metafísica), aparecen automáticamente en tu vida o tus vidas, una después de la otra porque no puedes nacer en una familia que no tiene los medios de proporcionarte lo que te pertenece por derecho de consciencia. ¿Me hago explícita?

Muchas veces ocurre que un niño viene al mundo en familia carente de lo que él posee por derecho y resulta que pronto la familia adquiere aquello como una gran casualidad. Por esto es que no te pueden robar lo tuyo ni tú puedes apoderarte de lo que no has ganado o superado en otra vida anterior. Por eso la gran felicidad es que, al conocer esta Ley y estas condiciones la Ley funciona en este plano terreno y en todos los planos. Por consiguiente, ya puedes estar tranquilo de que nadie te puede ocasionar pérdidas, ni quitarte nada, ni siquiera tu marido o tu esposa (si no se lo has hecho a otro), ¿qué puedes temer? Y si ya lo aprendiste en esta vida es que lo tienes por derecho de conciencia. De manera que la forma de vivir feliz es aprender la Metafísica de los Diez Mandamientos.

Despedida

Con este pequeño obsequio que te brindamos habrás puesto tu pie en el primer escalón de la felicidad. No me cansaré de recomendarte que leas este librito constantemente. No lo tires en la gaveta. Cárgalo en tu bolsillo o tu cartera. Reléelo, si puedes, todos los días. Trata de practicarlo, recordar sus instrucciones y cuando consideres que es tiempo de que adquieras mayor instrucción asiste a nuestras conferencias que no te costarán nada y obtén mis otros libros para avanzar en tu entrenamiento. Solo pagarás por los libros que quieras adquirir, pues estos hay que venderlos para poder reproducirlos.

Recibe todo nuestro amor. Que la luz de tu Amada **Presencia** «YO SOY» te envuelva, te llene, te ilumine, te guíe y te acompañe.

Colección

Metafísica 4 en 1

*A*unque muchos libros han sido escritos basados en las *Leyes del Pensamiento*, muy pocos son los que combinan estas leyes con la Verdad Espiritual.

Es precisamente esta combinación lo que constituye una renovación para el lector no especializado. La *Colección Metafísica Conny Méndez* le ayudará a tomar el control de su vida, le enseñará a manejar su inmenso poder interior y lo guiará a través de canales constructivos mientras que la salud y la prosperidad se incrementarán visiblemente.

Conny Méndez siempre creyó que las verdades espirituales, filosóficas y metafísicas debían ser expuestas con las palabras más claras y sencillas, de manera que hasta un niño pudiera comprenderlas. De allí que la autora haya intentado, tanto como le fue posible, evitar el uso de una terminología técnica especializada. Por esa razón nunca empleó una palabra de tres sílabas donde cupiera una de dos. Indudablemente, es otro motivo que explica el creciente e imparable éxito de esta poderosa *Colección Metafísica* que la autora nos dejó desde hace aproximadamente cincuenta años y que hoy sigue más vigente que nunca.

He aquí, pues, cómo los libros de Conny Méndez han capturado los corazones —y las almas— de millones de lectores de Metafísica en Latinoamérica, España, en la población de habla hispánica de Estados Unidos, así como de cientos de miles de lectores en naciones no hispanoparlantes que han comprobado que, en efecto, *la fe mueve montañas*.

Los editores

Volumen I

12 x 17 cmts., 336 páginas.
ISBN: 978-980-6114-26-5

Volumen II

12 x 17 cmts., 320 páginas.
ISBN: 978-980-6329-00-3

Nuevo Vol. III

12 x 17 cmts., 320 páginas.
ISBN: 978-980-369-080-9

✔ Audiolibros disponibles en www.metafisica.com

2ᵈᵃ Edición

2ᵈᵃ Edición

Misterios Develados

La Mágica Presencia

Esta serie de libros está dedicada con el más profundo Amor Eterno y Gratitud a nuestro amado Maestro Saint Germain, la Gran Hermandad Blanca, la Hermandad del Royal Teton, la Hermandad del Monte Shasta, y a aquellos Maestros Ascendidos cuya ayuda amorosa ha sido directa e ilimitada.

El propósito de poner este libro en manos del público es para comunicarle al individuo el valor y la fuerza que ha de sostenerlo a través de este período de transición en que vivimos.

Misterios Develados - Traducción y adaptación: Conny Méndez. Título original en inglés: *Unveiled Mysteries* por Godfré Ray King.

Esta serie de libros está dedicada con el más profundo amor y eterna gratitud a nuestros amados Maestros Ascendidos, Saint Germain, Jesús, Nada, El Gran Divino Director, nuestro Amado Mensajero Ascendido, Guy W. Ballard, la Gran Hermandad Blanca, la Hermandad del Royal Tetón, la Hermandad del monte Shasta, los Grandes Maestros Ascendidos de Venus, los Grandes Seres Cósmicos, la Gran Hueste Angélica, La Gran Luz Cósmica; y todos aquellos otros Maestros Ascendidos, cuya ayuda amorosa ha sido directa y sin límites.

La Mágica Presencia - Continuación de *Misterios Develados*. Traducción y adaptación: Conny Méndez. Título original en inglés: *The Magic Presence* por Godfré Ray King.

Formato 12x17 cmts. 272 pg.
ISBN: 978-980-6114-10-4

Formato 13.3 x 20.0 cmts. 288 pg.
ISBN: 978-980-6114-15-9

2ᵈᵃ Edición

2ᵈᵃ Edición

El Libro de Oro de la Hermandad Saint Germain

El Nuevo Pensamiento

*E*sta es la Sagrada Enseñanza que el Maestro Ascendido Saint Germain ha dispuesto para esta, Su Era de Oro, y que forma el Tercer Ciclo de Enseñanza de la Hermandad Saint Germain, después de lo cual el discípulo queda en conocimiento pleno de su Presencia «Yo Soy».

El Libro de Oro de Saint Germain - Traducción y adaptación original de Conny Méndez del libro en inglés: *The "I Am" discourses* por el Ascendido Maestro Saint Germain. El título en español *El Libro de Oro de Saint Germain* es original de Conny Méndez ©.

*E*sta publicación es una recopilación de las nueve revistas con el mismo nombre cuya directora y autora fue Conny Méndez en la década de los años 70. Es una lectura muy interesante para los estudiantes de Metafísica porque en ella se encuentran temas sumamente variados. Todo el empeño de lo que divulga el Nuevo Pensamiento Metafísico es acelerar lo más posible la venida de esa Edad de Oro y que todos los humanos puedan participar rápidamente de este tesoro.

Formato 12 x 17 cmts. 320 páginas.
ISBN: 978-980-6114-11-1

Formato 13.3 x 21 cmts. 304 pgs..
ISBN: 978-980-6114-14-2

2da Edición

2da Edición

Metafísica al alcance de todos

El presente libro está escrito en lo que esta autora llama *Palabras de a Centavo*; es decir, en los términos más sencillos para que sea comprensible al que necesita conocer la Verdad de Dios y que no tiene conocimientos para poder digerir los textos de psicología y metafísica, tal como están escritos en castellano. Lleva contigo un ejemplar de este libro. Reléelo a menudo, sobre todo cada vez que se te presente un problema; cada vez que te enfrentes a una situación angustiosa o molesta. Te va a ocurrir algo asombroso y es que el libro se abrirá en la página que te conviene consultar, y pensarás: *¡Parece que esto fue escrito para mí!*

Formato 13 x 20 cmts. 112 páginas.
ISBN: 978-980-369-23-6

✔ Audiolibro disponible en
www.metafisica.com

Te regalo lo que se te antoje

El Secreto lo descubrió Conny Méndez hace más de 50 años y escribió este libro con su tradicional estilo positivo, buscando la prosperidad y sin olvidar lo más importante: el contenido espiritual. *Te Regalo lo que se te Antoje* (Caracas, 1969) no es otra cosa que el mismo secreto, sintetizado y adaptado para el idioma castellano, en palabras *de a centavo*, como ella solía decir, que responderá a muchas necesidades del ser humano.

Para comprender las enseñanzas de la Nueva Era y obtener plenamente los beneficios que ella encierra, se recomienda leer este pequeño libro donde se explica la forma correcta de orar en la vida, el Amor, el Dinero, la Vida, la Muerte, la Voz de tu Alma entre otros.

Formato 13 x 20 cmts. 160 páginas.
ISBN: 978-980-369-083-0

✔ Audiolibro disponible en
www.metafisica.com

2ᵈᵃ Edición
El Maravilloso Número 7

*E*l número siete simboliza el estado de totalidad e indica que se ha superado una etapa especial. Todo en la Creación recorre siete etapas de actividad y luego viene automáticamente un momento de descanso. El siete es un punto final para luego comenzar una nueva serie de siete pasos. Siete son los colores de nuestro prisma, los sonidos musicales, los días de nuestra semana, los dones del Espíritu Santo, los meses de gestación para sobrevivir, las edades del hombre para lograr su madurez, autoridad y libertad.

Ahora les presentamos en este libro algunos otros *Sietes* poco conocidos, pero muy importantes para el estudiante para su desarrollo espiritual y su evolución en este Sistema.

2ᵈᵃ Edición
¿Quién es y quién fue el Conde Saint Germain?

*P*ara completar la primera etapa de la enseñanza Metafísica de la Nueva Era es necesario conocer quién es y quién fue el Conde Saint Germain. En esta obra la autora no pretende dar a conocer la última verdad respecto al Conde Saint Germain, ni al Maestro Ascendido Saint Germain, siendo los dos una misma persona. El propósito es aclarar primero, en lo que sea posible, ciertos enigmas que quedaron en las mentes después de la desaparición del Conde en el siglo XVIII, pero más importante es comunicar algunas revelaciones que le fueron encomendadas y trasmitidas por el propio Maestro Saint Germain.

Formato 13 x 20 cmts. 160 pg.
ISBN: 978-980-369-084-7

✔ Audiolibro disponible en
www.metafisica.com

Formato 13 x 20 cmts. 112 pg.
ISBN: 978-980-369-85-4

✔ Audiolibro disponible en
www.metafisica.com

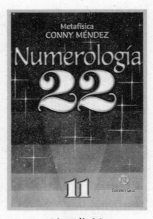

2ᵈᵃ Edición
La Voz del «Yo Soy»

Una vez que Conny Méndez terminó de publicar la revista *El Nuevo Pensamiento*, entre 1970 y 1972, continuó con la dirección y edición de pequeños folletos que denominó *La Voz del «Yo Soy»*. Recopiló varios artículos relacionados con el aprendizaje y aportó otros escritos por ella. Los nombres de los instructores de Metafísica que Conny formó para la continuación de la enseñanza están en una lista en el apéndice de la presente edición.

En esta revista, al igual que en la anterior, se ofrecen diversos temas que el estudiante metafísico supo agradecer y tiene como mérito el haber sido reproducida manualmente por la autora en un pequeño multígrafo casero de marca Gestetner procedente de Inglaterra.

2ᵈᵃ Edición
Numerología

Los números siempre han sido utilizados para prácticas adivinatorias porque se cree en la relación que hay entre ellos, los humanos, las fuerzas cósmicas y las espirituales, lo cual ha dado como origen a la numerología. Pitágoras, filosofo griego cuyas teorías aún están en uso hoy en día, decía que las palabras tienen un sonido que vibra en sincronía con la frecuencia de los números y algunos otros pensadores señalan que los números nada más no son para cuantificar lo que tenemos a nuestro alrededor. Conny Méndez, por su parte, empleó la numerología como otra de las prácticas a las que se dedicó por la relación que tiene con la metafísica por lo que aquí les brinda este tratado de *Numerología*.

Formato 13.3 x 21 cmts. 172 pg.
ISBN: 978-980-6114-42-6
www.metafisica.com

Formato 13 x 20 cmts. 112 pg..
ISBN: 978-980-369-088-5
✔ Audiolibros disponibles en
www.metafisica.com

2da Edición
Piensa lo Bueno yse te Dará

El contenido de esta obra es un mensaje positivo para la humanidad. La sencillez del tema inclina al lector a que asuma su éxito o su fracaso dependiendo, sin duda alguna, de la visión que posea de sí mismo y del mundo que lo rodea.

Las verdades más profundas pueden ser perfectamente comprendidas por toda persona mayor de diez años, siempre que le sean presentadas en lenguaje sencillo y en una forma que puedan aplicar a su vida diaria.

2da Edición
Palabras de Los Maestros Ascendidos

Una vez más Conny Méndez nos obsequia su magistral traducción de los discursos pronunciados por los Maestros Ascendidos, que son todos aquellos grandes seres cósmicos de tal majestad y poder que difícilmente la mente humana puede captar.

El poder que manejan es ilimitado y en este justo momento se encuentran vigilando todas las actividades constructivas del mundo, dispuestos a liberar cualquier poder de sus Rayos de Luz cuando se requiera para dar protección a aquellos que sinceramente buscan y sirven a la Luz.

Cada discurso está poderosamente cargado con la Vida, la Luz y el Amor de cada Maestro Cósmico.

Formato 13 x 20 cmts. 112 pgs.
ISBN: 978-980-369-082-3
✔ Audiolibros disponibles en www.metafisica.com

Formato 13.3 x 21 cmts. 184 pgs.
ISBN: 978-980-12-9823-6
www.metafisica.com

4ta
Edición

La Chispa de Conny Méndez

Humor y Memorias

*L*a *Chispa Venezolana de Conny Méndez*, originalmente publicado en 1980, contenía sus memorias humorísticas *Las Memorias de una Loca* (Barquisimeto, 1955), su versión de la historia de Venezuela Histori-Comi-Sátira *Del Guayuco al Quepis* (Caracas, 1967) y el álbum de caricaturas *Bisturí* (París, 1931). En siguientes ediciones se insertó el cuento esotérico *Entre Planos* (Caracas 1958), se incluyó una Cronología que vincula los eventos más importantes en la vida de Conny Méndez con su producción artística y para finalizar se agregaron fotografías para ilustrar personas, momentos y rasgos artísticos de la polifacética Conny Méndez.

Formato 15 x 21.5 cmts. 272 páginas.
ISBN: 978-980-6114-43-2

Conny Méndez

La caraqueñísima Conny Méndez, dicho por ella misma, era una toera porque hacía de todo. Fue una venezolana fuera de lo común; es posible que muchos jóvenes no hayan oído nunca el nombre de esta extraordinaria mujer.

Fue bautizada como Juana María de la Concepción, para dejarlo en Conchita. Era hija de Eugenio Méndez y Mendoza, escritor y poeta de finísima calidad, y de Lastenia Guzmán de Méndez y Mendoza.

Conny estuvo adelantada a su época, y allá por el año 1927 cuando las mujeres fumaban a escondidas, ella lo hacía en público y decía que ya se lo agradecerían las caraqueñas algún día, según cuentan sus allegados.

Desde muy joven se dedicó a casi todo y más o menos por orden cronológico fue de la siguiente manera: Autora y Compositora. Su primera composición fue *La niña luna*, que realizó y a manera de ensayo. Posteriormente compuso *La Negrita Marisol, Yo soy venezolana, Venezuela habla cantando* y *Chucho* y *Ceferina*, por citar solo cuatro, y esta última es considerada por muchos como ejemplo de música folklórica. Luego vinieron muchísimas otras, algunas de ellas de enorme difusión conocidas por toda Venezuela y como cantautora deleitó a millares de personas interpretando sus propias piezas durante muchísimos años, tanto en el país como en el extranjero.

Como caricaturista y cronista trabajó en la revista *Nosotras* en su columna Aquí entre nos. Conny también fue pintora; comenzó en este campo haciendo paisajes y retratos. Durante 10 años gozó "un puyero" con sus paletas, pinceles y demás yerbas (como se expresaba), y llegó a terminar un sinnúmero de obras cuyo paradero ella desconoció, dado que muchas se las llevaban "prestadas, y la gente, lamentablemente, tiene tan mala memoria", decía.

Como escritora se proyectó principalmente a través de su libro *Memorias de una loca*, publicado en 1955, que hoy se conoce como *La Chispa de Conny Méndez,* y que resultó todo un bestseller. Es una recopilación de lo más divertido que le había ocurrido hasta entonces.

Como si todo esto fuera poco hay que resaltar la dedicación casi total que Conny Méndez le brindó a su gran pasión: la

Metafísica. Una vez que se encontraba a bordo de un tanquero que la traía desde Estados Unidos durante la Segunda Guerra Mundial, conoció a la viuda de Henry Pittier. Esta dama inició a Conny en el mundo de la Metafísica. El viaje resultó toda una odisea y, por supuesto, en muchos momentos hizo falta mucha fe en Dios para sobrellevar el peso del tremendo peligro que les acechaba. En esos momentos Conny y la señora Pittier hablaron mucho de Filosofía y de Metafísica. Al llegar a Venezuela –"milagrosamente" como dijo Conny–, se lanzó de lleno a la búsqueda de cualquier material literario que existiera sobre Metafísica. Leyó todo lo que cayó en sus manos y un día, profundamente conocedora de esta filosofía, fundó la Hermandad de Saint Germain que se extendió, primero, por toda Venezuela, y luego por toda Latinoamérica. Y en este campo siguió tan activa que viajó y dictó conferencias, y se comunicó con los miles de amigos que tenía en todas partes.

Su producción más notable la constituyen cuatro pequeños tomos de Metafísica: *Metafísica al alcance de todos, Te regalo lo que se te antoje, El maravilloso Número 7* y *¿Quién es y quién fue el Conde Saint Germain?*, recopilados en un solo volumen titulado *Metafísica 4 en 1*.

Por todas estas razones no se exagera un ápice al tildar a Conny como una venezolana totalmente fuera de lo común.

Funda en 1946 el movimiento de Metafísica Cristiana en Venezuela, consagrándose de lleno a la enseñanza esotérica a través de sus libros y conferencias. Fue condecorada en tres ocasiones con: Diploma y Botón de Oro Cuatricentenario, 1967; Diploma y Medalla de Buen Ciudadano, 1968; Orden Diego de Losada en 2a. Clase, 1976. Recibió además, en reconocimiento de su labor artística, cultural y humanitaria, numerosos homenajes y galardones, así como diversas placas en reconocimiento de su labor en el campo de la Metafísica Cristiana.

Para información visite nuestra página WEB: **www.metafisica.com** o escríbanos por e-mail a **infolibros@metafisica.com**

Distribuidora Gilavil, C. A.

Apartado 51.467, Caracas 1050
Tel. +58 (212) 762 4985
Tel./FAX +58 (212) 762 3948
Venezuela

POBA 2-30032,
P.O. BOX 02-5255
Miami, FL 33102-5255
USA

Este libro se terminó de imprimir en
el mes de octubre de 2018 en Romanyà Valls, S.A.
Capellades (Barcelona).